未来のために知っておきたい

みんなの子育てスキル

水野正司
(子育て win3 計画代表)／著
間宮彩智／イラスト

MICRO MAGAZINE

はじめに

赤ちゃんは理由があって泣きます。

赤ちゃんが泣く理由をいくつ思いつきますか？
この質問に、中学生なら4つ、高校生なら6つは答えてほしいところです。

私はYouTubeを使って、日本各地の中学生・高校生に「赤ちゃん学」という授業を配信しています。
きっかけは、若いお母さん方の声でした。子育てをされているお母さん方に「赤ちゃん学」の授業をしたところ、必ず次のような感想をいただくのです。

《もっと早く知りたかったです！》

子どもが生まれてしまうと生活があわただしくなり、子育ての知識を学ぶ余裕がなかなか持てません。

《泣く理由》があったのなら、もっと早く知っておきたかったというわけです。

でも、その「早く」っていつ頃なんでしょう？


それで今度は大学生に同じ授業をしてみました。

ところが反応があまりよくありません。「へえー、そうなんだ」という、どこか他人事《ひとごと》の感想でした。

それじゃあ高校生だったらどうなのか？

驚きました。めちゃくちゃ反応がいいのです。男子生徒も女子生徒も次のように言うのです。

《今知ることができてよかったです！》

私は感じました。子育て中のお母さん方が言っていた「もっと早く」というのは高校生くらいの年齢《ねんれい》だったのか、と。

念のために中学生にも同じ授業をしてみました。中学生の反応もよいのです。しかし、小学生だと早過ぎました。小学生には《自分がいつか親になるかもしれない》という意識がまだ低いのです。これまでに3千人以上の小・中・高校生に実施した結果、14～18歳くらいがちょうどいいように感じています。

また、中学生・高校生からは、こんな感想も出てきます。

《このようなことは、子どもを産むかどうかに関係なく、すべての人が知っておくべきことだ！》

赤ちゃんの育て方は、赤ちゃんを育てている人だけではなく、みんなが知っておくべきことだ、という感想です。

世の中は今、災害や少子化などにより、「助け合って生きること」が大切になっています。赤ちゃんの育て方を知っておくことは助け合いの役に立つんじゃないかということを訴えてくれているのです。

《今知ることができてよかったです！》↑将来のため

《すべての人が知っておくべきことだ！》↑社会のため

これが日本の中高生の意識です。

それならば、もっと多くの中高生に子育てのことを知ってもらおう！　そこからこの本が生まれました。

私たちはみんな、かつては赤ちゃんでした。

理由があって泣き、理由があって笑っていました。

赤ちゃんには赤ちゃん自身の「育つための能力」があります。

この本では、赤ちゃんが持っている「能力」をわかりやすく解説しています。また、幼児期から思春期までの、その後の子育てに役立つ情報をまとめて解説しています。

この本を読み終えると、「赤ちゃんって尊《とうと》い！」「子育てってそういうことだったのか！」と思ってもらえるはずです。

さあ、それではさっそく、授業「赤ちゃん学」から体験してみてください。

水野正司

注①：「赤ちゃん学」という言葉は小児科医で同志社大学教授であった小西行郎《こにしゆくお》の著書『知っておきたい子育てのウソ・ホント50　最新赤ちゃん学が教える子育ての新常識』海竜社（２００３）で使われたものですが、ここでは筆者が作成・実施している授業を指しています。

注②：この本の中では、できるだけ信頼性の高い（科学的根拠のある）知識・データを紹介しています。インターネット上には様々な情報がありますが、信頼性の高い情報には出典が示されているものです。ですから、この本でも可能な限り出典を示しました。本当かどうか調べてみたい時には、その出典にあたってみてください。

注③：この本に記載されたＱＲコードやその内容は、予告なく変更される場合があります。

目次

第1章

赤ちゃんが泣く理由

夕方になると…
なぜか泣く
オムツ？
ミルク？
気温？
だっこ？
何をやっても
ぜー
ぜー
もう限界…
泣きやまない
誰か助け…！
ん？
ぐー
ぐー
知らないうちに寝てる

Q1

赤ちゃんが泣くのはどうして？
赤ちゃんが泣く理由を
「5つ以上」言えるかな？

授業「赤ちゃん学」は、いつもこの問題から始まります。

赤ちゃんって、よく泣きますよね。

赤ちゃんはどうして泣くのか？　どんな時に泣くのか？　その理由を「5つ以上」考えてみてください。

これまでに3千人以上の中高生がこの問題に取り組んでくれました。どの学校でもよく出てくるのは表の3つです。

①おなかがすいて
②オムツがぬれて
③だっこされたくて
④
⑤

さて、問題は「5つ以上言えるかな？」でした。つまり、この他にも《まだある》ということです。

あなたは他の理由を思いつきましたか？

目標は「5つ以上」です。

赤ちゃんはどうして泣くのか？

どんな時に泣くのか？

まずはあと2つを考えてみてください。

解説

④痛い・具合が悪い

どこかが痛い時や具合が悪い時に泣くことがあります。

こんな時、お父さん、お母さんは心配になります。

でも、あまり心配し過ぎる必要はありません。

なぜなら、《赤ちゃんは泣くのが普通》だからです。

ですから、逆に言うと、《普通じゃない泣き方をした時は要注意》ということです。「普通じゃない泣き方」というのは次の2つです。

・悲鳴のように激しく泣く（発作《ほっさ》を繰り返す）
・弱々しく泣く（泣くのをやめてぐったりする）

この2つはお医者さんの「緊急受診」が必要なケースです。

特に、「頭を打ったあと」や「頭を揺《ゆ》さぶってしまったあと」は要注意です。そのような時に、吐《は》いたり、けいれんを起こしたりしている場合などはすぐにお医者さんに診《み》てもらいましょう。でも、元気に泣いているようであれば、心配し過ぎる必要はありません。どうしても心配な時は「子ども医療電話相談 #8000」という厚生労働省のサービスもあります。

⑤暑くて・寒くて

赤ちゃんは体温の調節がまだうまくできません。そのため、暑さや寒さの影響を大人よりもダイレクトに受けます。

つまり、大人が《なんだか蒸《む》し暑くなってきたな》とか、《今日は寒いなあ》と思った時には、もうすでに赤ちゃんは「暑さ」や「寒さ」をかなり感じているということです。

では、赤ちゃんは「寒さ」と「暑さ」のどちらに強いと思いますか？

寒い時、赤ちゃんは泣いて自分の体温を上昇させることができます。

しかし、暑さに対して赤ちゃんは無力です。

泣くとさらに暑くなります。

したがって、暑さに対しては親の「先回り」が必要です。

涼《すず》しい服装、涼しい環境《かんきょう》、水分補給（授乳）などで赤ちゃんが暑がらないように工夫《くふう》する必要があります。


さて、これで理由は「5つ」になりました。

でも、Q1では「5つ以上」となっていました。

赤ちゃんが泣く理由はまだあります。
①～⑤以外で、赤ちゃんが泣く理由を思いつきますか？　これ以外の理由を見つけることに挑戦してみてください。

ちなみに、高校生が100人くらいいても⑩までは出ません。⑩まで出せる人は、大人でも100人に1人いるかいないかです。

Q2

①～⑤以外の理由を
考えてみてください。

①おなかがすいて
②オムツがぬれて
③だっこされたくて
④痛い・具合が悪い
⑤暑くて・寒くて

解説

⑥うるさくて

赤ちゃんは、お腹《なか》の中にいる時（妊娠《にんしん》5カ月頃の段階）から、お腹の外の音が聞こえていることがわかっています。

生まれ出たあとの聴力《ちょうりょく》はすでに大人と同じレベルです。

ですから、音がうるさくて泣き出すことがあります。

赤ちゃんは1日に何度も睡眠《すいみん》をとります。新生児なら1日10回くらい、生後6カ月の赤ちゃんでも4～5回は眠ります。しかも、その眠りは「浅《あさ》い」ので、少しの刺激《しげき》でも目を覚ましやすいのです。

大きな音がする環境は睡眠の妨《さまた》げになりますが、子守歌や静かな音楽は心地よい眠りを誘《さそ》ってくれます。テレビのつけっ放しは睡眠の妨げになるので気をつけましょう。

⑦眠たくて

眠たいなら勝手に眠ればいいのに、と思われるかもしれませんが、赤ちゃんは眠るのがまだ下手《へた》です。それで《眠たいのに眠れない》となって泣くことがあります。

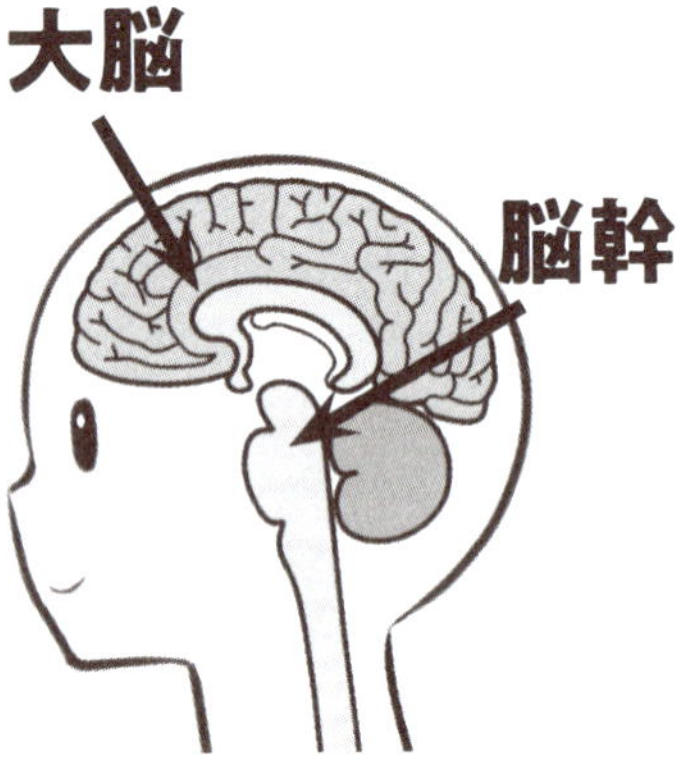

人間の脳は「眠る脳」と「眠らせる脳」に分かれています。睡眠によって眠るのは大脳で、その大脳を眠らせるのが脳幹《のうかん》です。

赤ちゃんの脳は、この2つがまだうまくつながっていないので、上手《じょうず》に大脳を眠らせることができません。それで《眠たいのに眠れない》という状態が起こります。

⑧夜泣き

夜泣きというのは、赤ちゃんが夜中に突然泣き出す現象です。生後９カ月前後の赤ちゃんに多く起こります。

この時期の赤ちゃんは、日中にたくさんの感覚を使い大脳が活発に働きます。起きている時にものすごくたくさんの勉強をしているということです。そして、夜の睡眠中は日中に勉強したことを記憶《きおく》として整理するために脳幹が活発に働いています。眠っている間も脳の半分は記憶の整理をしているのです。これは大人も同じですが、赤ちゃんの睡眠は浅いので、目が覚めやすく、眠れなくて泣き出すと考えられています。

⑨人見知り

知らない人が来た時に「相手に近づきたい」という気持ちと、「相手が怖《こわ》い」という気持ちが同時にあらわれて、どうしていいかわからなくなって泣き出すのが「人見知り」です。

ですから、だっこされているお母さんの顔と知らない人の顔を交互に見つめたりします。

⑩びっくりして

赤ちゃんは「びっくり」に弱いです。時には、自分自身の反応にびっくりして泣き出してしまうこともあります。

赤ちゃんに不要な刺激を与えず、安心できる環境で生活することが大切です。

どうでしょうか?

ここまでパーフェクトに10個答えられる人は、大人も含めてほとんどいません。⑥~⑩の中の一つでも知っていた方は、赤ちゃんに対する理解レベルが高いと思います。

しかし、赤ちゃんが泣く理由は、まだ他にもあるのです。

Q3

まだ他の理由を言える人はいますか？

①おなかがすいて
②オムツがぬれて
③だっこされたくて
④痛い・具合が悪い
⑤暑くて・寒くて
⑥うるさくて
⑦眠たくて
⑧夜泣き
⑨人見知り
⑩びっくりして

さあ、これら以外の理由はなんなのか？
超レアな答えを順に紹介していきましょう。

解説

⑪黄昏《たそがれ》泣き

これを知っている人は、めったにいません。でも、この答えを出すと、「ああ〜！」と声を出す人（大人）はいます。それは、赤ちゃんを育てた経験がある人です。

「黄昏《たそがれ》泣き」は、赤ちゃんが夕方になると泣き出す現象です。原因はまだよくわかっていませんが、昔からある世界共通の現象です。部屋が暗くなるから、日中の疲れが出るから、自律神経が変化する時間帯だから——など、いくつかの原因が考えられています。

⑫つられ泣き

「つられ泣き」というのは、他の赤ちゃんの泣き声を聞いた赤ちゃんが、つられて自分も泣いてしまう現象です。私も見たことがあります。不思議ですが、本当につられて泣いてしまうのです。

赤ちゃんという時期は、自分と他人の区別がまだ十分にできていません。お母さんが笑っていると自分もうれしい。お母さんが泣いていると自分も悲しい。そのように《相手に共感する能力》がとても高いのです。

⑬味がマズくて

おっぱいやミルクの味がマズくて泣くこともあります。

「こんなの飲んでいられるか！」って感じですね。

⑭退屈《たいくつ》で

③の「だっこされたくて」に近いですが、もっと広い意味で、「かまってもらいたくて」「遊びたくて」「刺激がほしくて」といった理由から、退屈になって泣くケースです。赤ちゃんはいろいろな刺激を受けて成長します。栄養も大切ですが刺激も大切です。

「退屈で泣いているのかなあ？」という見方ができることは大切な《子育てスキル》です。

⑮夢を見て・夢から覚めて

赤ちゃんも夢を見ます。眠っている時に突然泣き出すこともあります。そんな時は、怖い夢（刺激の強い夢）を見ているのかもしれません。

また、睡眠から目覚めたタイミングで泣き出すこともあります。

《眠る／目覚める》という行動がまだうまくできないのが赤ちゃんです。夢から覚めるということ自体にまだ慣れていなくて、びっくりして泣き出しているのかもしれません。

さて、⑮まであげてみました。

ここで、この授業を受けた中高生の感想を紹介してみましょう。

将来子どもがほしいので、今日のことを思い出して頑張りたいです。（高校生・女子）

もし将来、自分に赤ちゃんができた時に生かせたらいいなと思いました。（高校生・男子）

自分も将来赤ちゃんができれば、このことを忘れずに育ててみたいなと思いました。（中学生・男子）

「泣く理由がこんなにあるなんて知らなかった！」という感想を書いてくれる生徒もたくさんいます。

《知らなかったことを知った》とは《知識が増えた》ということです。

この本を読み進めると、こんな風に「子育ての知識」が増えていくわけですが、目的はそれだけではありません。

《その知識を「スキル」にまで高めること》

「スキル」という言葉は、単に何かを知っているというだけではなく、《その知識を使って何かができる》という状態を意味します。

補足：国際社会ではキー・コンピテンシー（主要能力）と表現する場合もあります。

この授業を受けた生徒たちは、「ずっと覚えておきたい」とか、「将来に生かしたい」といった感想を多く書いてくれます。これは、この授業で獲得《かくとく》した知識を将来《自分で使ってみたい》ということだと思います。そして、この授業でも、この本でも、その時になったら《使えるように》できるだけ具体的に子育ての仕方を伝えていきます。それで本のタイトルに「子育てスキル」という言葉をつけました。

さらに、それだけではなく次のような感想を書いてくれる生徒もいます。

《すべての大人が知っておくべき》ことだと思います。

将来、自分が結婚して子どもをもうけるかどうかに関係なく、すべての大人が知っておくべきだというのです。

10代の若者がこのような感想を書いてくれることに、私は勇気をもらいました。

あるアンケート調査では約6割の大人が、子どもの声を騒音《そうおん》だと感じているそうです。

そのような背景のせいで、電車やバスなどに赤ちゃんを連れて乗車することに負《お》い目を感じているお母さんは少なくないようです。

赤ちゃんが泣くのには理由があること、それは何かを知らせる行為《こうい》であること、そうした知識を持った上で、赤ちゃんを育てているお母さんの心の中も想像することができる――それが「スキル」です。

ですから、子育てに関するスキルは、子育てをしている人以外の人が持つことにも意味があります。

そして、日本の中高生が、この授業を「すべての大人が知っておくべきことだ」と感じてくれることに私は明るい希望を持っています。

どうして泣いてるの？
泣いているんじゃないの
鳴いてるの！

Q4

①〜⑮の泣く理由全体は漢字2文字で表すことができます。

その漢字2文字とは？

さて、赤ちゃんが泣く理由を①～⑮まで見てきましたが、ここで赤ちゃんが泣く理由をシンプルに表現してみたいと思います。どのくらいシンプルにするかというと、漢字２文字です。

①～⑮をまとめると、すべて「〇〇だから泣く」というように漢字２文字で表すことができます。その漢字２文字とは、なんだと思いますか？

まずは、①～⑮を振り返ってみましょう。

①おなかがすいて
②オムツがぬれて
③だっこされたくて
④痛い・具合が悪い
⑤暑くて・寒くて
⑥うるさくて
⑦眠たくて

⑧夜泣き
⑨人見知り
⑩びっくりして
⑪黄昏《たそがれ》泣き
⑫つられ泣き
⑬味がマズくて
⑭退屈《たいくつ》で
⑮夢を見て・夢から覚めて

赤ちゃんが泣くのは
「○○」を知らせるため
「○○」は、①～⑮の
すべてに共通している
感情です

解説

生後3カ月くらいまでの赤ちゃんには「快《かい》」と「不《ふ》快《かい》」という二つの感情しかありません。

簡単にいうと「いい気持ち」と「イヤな気持ち」です。

泣く原因は、その「イヤな気持ち（不快）」によります。

赤ちゃんが泣く理由は「不快」だからです。

赤ちゃんは、その不快を知らせるために声を出します。

それが「泣く」という行動です。

つまり、「泣く」というのは赤ちゃんが持っている「能力」でもあります。

まだ言葉を話せない赤ちゃんは「泣く」という能力を使って、他者へ不快を知らせているわけです。これを赤ちゃんの「発信能力」といいます。

赤ちゃんが持っている能力は3つあります。

①確認能力
②発信能力
③接近能力

①確認能力

（聞く・見る・かぐ）

②発信能力

（泣く・声を出す・ほほえむ）

③接近能力

（手をのばす・追いかける）

①確認能力というのは、目や耳や鼻などを使って確認をする能力です。何を確認するかというと、赤ちゃんにとって一番大事なものを確認します。それは「お母さん」です。

ベッドの中にいて天井《てんじょう》を見上げている時でも、台所からこっちに近づいて来るお母さんが出す音を聞いています。「あ！　お母さんがこっちに来る！」、顔を見て「お母さん」であることを確かめます。だっこされて「お母さん」の匂いを確かめます。こうした能力が「確認能力」です。

注：発達心理学では「定位行動」と表します。

②発信能力というのは、泣いたり、声を出したり、笑ったりする能力のことです。

③接近能力とは、だっこされる時に手をのばしたり、ハイハイしてお母さんに近づこうとしたりする能力です。

赤ちゃんはこの**3つの能力**を使って生活していると考えていいでしょう。

そして、私たちがそうであるように、能力を使った行動には「成功と失敗」があります。

3つの能力を使って、うまくいった時には成功体験を手に入れます（「やったぜ！」）。

逆に、無視されたり、気づいてもらえなかったりした場合は失敗体験となって悲しい気持ちが残ります（「ダメだった……」）。

《泣く＝不快を知らせる》という行動には、このような一連の流れがあるわけです。

さて、Q1〜Q4を通して「赤ちゃんが泣く理由」を考えてきました。その最もシンプルな答えは「不快を知らせるため」です（答えは「不快」）。

しかし、「スキル」としてはまだ不十分です。

ここまでの知識を「スキル」にまでレベルアップするためには、次の問いに答える必要があります。

お母さん
あったかい

Q5

赤ちゃんが泣く理由には、もう一つ、まったく別の理由が存在しています。それはなんでしょう？

赤ちゃんが「不快」を知らせるために泣くということは間違っていません。

しかし、それとはまったく別な次元で、赤ちゃんが泣く理由があります。

《そのまったく別な理由とはなんでしょう？》というのがQ5です。

それは赤ちゃんにとって極《きわ》めて重要なことです。どのくらい重要かというと、赤ちゃんのその後の人生を左右するくらいに重要です。

これは決して大《おお》げさな表現ではありません。本当に赤ちゃんのその後の人生に大きく影響します。

このことについては、文献《ぶんけん》を示す必要もないくらいに、すでに数多くのエビデンス（科学的根拠《こんきょ》）が世に出されています。

ですから、そのこと（Q5の答え）を知らないまま《赤ちゃんは不快で泣いているんだ》とか、《不快には①～⑮のような原因があるんだ》などと答えたとしても、それは「暗記レベルの知識」でしかありません。

赤ちゃんは、不快を知らせるため以外に、なんのために泣いているのか？

これこそが最も重要な「問い」なのです。

解説

それは、養育者との間に「絆《きずな》」を作るためです。

絆とは、「自分は愛されているんだ」と感じ・感じさせる親子の結びつきです。発達心理学では、これを「愛着形成《あいちゃくけいせい》」と呼びます。

赤ちゃんが発信能力を使って泣きます。

例えば、お父さんがオムツを取りかえに来てくれます。

「○○くん、オムツかえますよ〜」と声をかけました。

赤ちゃんはすでに泣きやんで笑顔です。

オムツをかえ終わったら、お父さんがだっこしてくれました。スキンシップです。赤ちゃんは大満足です。《自分は愛されているんだ》と感じます。愛着

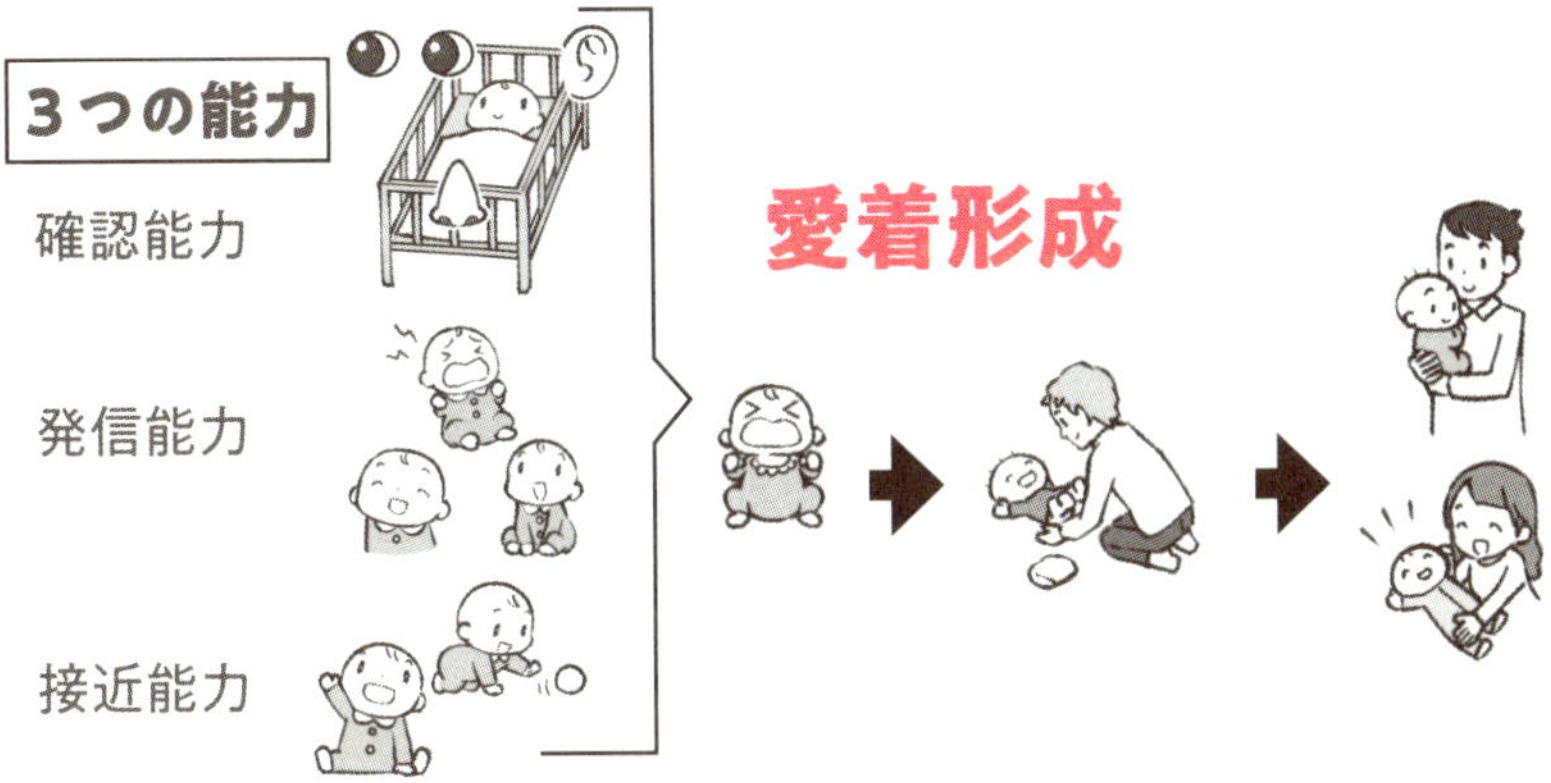
3つの能力
確認能力
発信能力
接近能力
愛着形成

形成に成功です。

しかし、これが、もしオムツをかえ終わってお父さんがすぐに立ち去ってしまったら、どうでしょう？　オムツをかえている時に赤ちゃんに声をかけずに、よそ見をしていたらどうでしょう？　目も合わせず、声もかけずに、どこかへ行ってしまわれたら赤ちゃんはがっかりです。《自分は愛されていないんだ》と思ってしまうでしょう。愛着形成の失敗です。

最近、こうした失敗経験をする赤ちゃんが増えてきています。なぜだかわかりますか？

スマートフォンの影響

スマートフォン（スマホ）が気になって、赤ちゃんへの対応をおろそかにしてしまう親が増えているのです。

どのくらい増えているのか、例をあげてみます。

・約7割の母親が授乳中にスマホを見てしまう
・約4～5割の母親が電車やバスなど「公共の場」でスマホを見てしまう
・約6割の母親が自宅で子どもが遊んでいる時にスマホを見てしまう
・約6割の母親が食事中にスマホを取り出して見てしまう
・約6割の母親が子どもと顔を合わせている時にも送信してしまう
・約7割の母親が子どもと話している時に通知がきたら確認してしまう
・約7割の母親が子どもを遊ばせている時に操作してしまう

出典：「育児とICT―乳幼児のスマホ依存、育児中のデジタル機器利用、育児ストレス」

東京大学（2019）

この調査は母親を対象としたものなので父親は登場しませんが、父親も同じような傾向にあるのではないでしょうか。

現代では、もはやスマホ抜きの生活は考えられません。

スマホを使ってはいけないということではなく、上手に使う方法を知らなければなりません。つまり、赤ちゃんを育てている時ならば《赤ちゃんに失敗経験をさせないようにしてスマホを使う》ということです。

そんなことできるの？――できます。

赤ちゃん～思春期の子どもまでも含めて、子どもが最も必要としているのは《親からの関心》です。

自分の親は自分に関心があるのか――と子どもは思います。

「愛情」というのは、実はこの「関心」のことなのです。

そして、0歳の赤ちゃんでもこの「関心」を確かめます。

お父さんのそばに寄って行ったのに、お父さんがゲームに夢中で気づいてくれなかったら失敗体験です。

お腹がすいて泣いたのに、お母さんがSNSのやり取りに夢中でいつまでたっても来てくれなかったら失敗体験です。

つまり、赤ちゃんの「3つの能力」を予想して工夫《くふう》するのです。

赤ちゃんを忘れるぐらいゲームに夢中になるのがわかっているなら別な場所でやれば赤ちゃんの接近行動は起こりません。

また、赤ちゃんが泣いたり、声を出したりして発信行動をしたならSNSの返信は後回しにする。

そうした少しの工夫で赤ちゃんは挫折《ざせつ》せずに済みます。

しかし、一番手ごわいのが赤ちゃんの確認能力です。

先ほどの調査で「約7割の母親が子どもを遊ばせている時に操作してしまう」とありました。子どもは遊んでいるんだからスマホをしていてもいいいじゃないかと思いますよね。ところが、赤ちゃんや幼児というのは、遊んでいる途中でも突然、愛情の確認をするのです。「お母さんはボクを見ていてくれてるかなあ」と思った瞬間にお母さんの方を見ます。その時に、お母さんが「ボク」ではなく「スマホ」を見ていたらがっかりです。**赤ちゃんは愛着（信頼関係）を作る**ためにこうした確認をたくさんします。また、1歳を過ぎた幼児は**作られた愛着を確かめるため**に、こうした行動をします。

そこで、確認行動に対応するためには次のような工夫をしましょう。

①赤ちゃんが見える位置でスマホを操作する
②操作中も時々目をやる
③こっちを見そうだったらスマホをやめる
④赤ちゃんに断ってから見る

⑤見られる前に先に声をかけて「見てるよ〜」と意識させる
⑥気づかれていると思ったらスマホをしない

どれも有効な工夫です。

④の「断ってから見る」が「赤ちゃんに通じるの？」と思われるかもしれませんが、意外と通じます。そもそも、赤ちゃんに話しかけるというのは《親からの関心》を示すメッセージですからいいことです。⑤の「見てるよ〜」も同じです。

⑥の「気づかれていると思ったらスマホをしない」について説明します。赤ちゃんの脳は「意識」よりも「無意識」が発達しています。大人とは違って雰囲気《ふんいき》を感じる力が高いといわれています。ですから、気づかれないだろうと思うような時でも赤ちゃんに関心を向けることが大切です。

以上は、親のスマホが赤ちゃんに与える影響の話でしたが、それとは別に、《赤ちゃんにスマホを持たせる》という育児も増えてきています。それを「スマホ育児」と呼びます。
スマホ育児が赤ちゃんに与える悪影響もわかってきています。

・すぐにスマホを使いたがる　55・5％
・「やめようね」と言ってもやめない　39・1％
・取り上げると機嫌が悪くなる　46・7％

さらにこの調査からは次のことが明らかになっています。

・「スマホ育児をしている母親」は「スマホ育児をしていない母親」よりもストレスが高い

出典：「育児とICT―乳幼児のスマホ依存、育児中のデジタル機器利用、育児ストレス」
東京大学（2019）

つまり、楽《らく》をしようと思ってスマホを与えたつもりが、そうならない。それでさらにストレスがたまる。そういう悪循環におちいる傾向が高いのです。

なぜだと思いますか？

みなさんは気づくはずです。赤ちゃんがスマホに夢中になったら、どうなるか？

きっと静かになるでしょう。泣くことも少なくなるでしょう。親を追い求めることもしなくなるかもしれません。「お母さんはボクを見ていてくれてるかなあ」などと気にしなくなるかもしれません。

果たして、それはいいことなのでしょうか？

そうです。それは、赤ちゃんが自分の能力を使って成功体験を手に入れ、愛着を形成する機会をうばってしまうことになるのです。

愛着形成の仕方をまとめます。①赤ちゃんが能力を使う→②目を合わせる→③かまってあげる

赤ちゃんが泣く理由を知ることは、子育ての最も重要な部分を知ることでもあるのです。

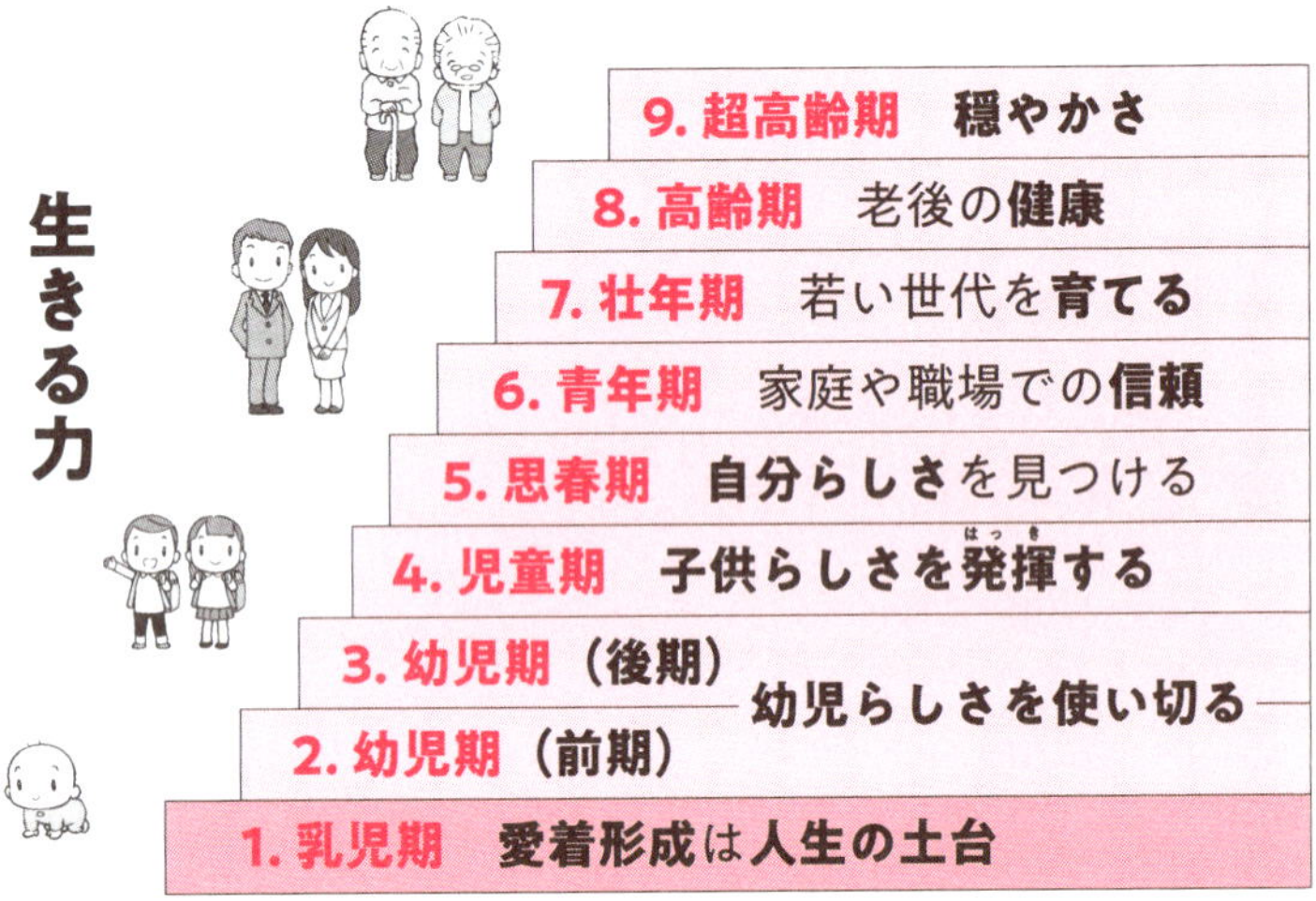
生きる力
9. 超高齢期　穏やかさ
8. 高齢期　老後の健康
7. 壮年期　若い世代を育てる
6. 青年期　家庭や職場での信頼
5. 思春期　自分らしさを見つける
4. 児童期　子供らしさを発揮《はっき》する
3. 幼児期（後期）
2. 幼児期（前期）
幼児らしさを使い切る
1. 乳児期　愛着形成は人生の土台

コラム① 人生の土台

これはエリクソンというアメリカの発達心理学者が提唱した年代ごとの発達課題をもとに私が作った図です。（参考文献：E．H．エリクソン『アイデンティティとライフサイクル』誠信書房〈2011〉）

この図は、《年齢《ねんれい》によってクリアしなければならない課題》を示しています。

赤ちゃんの課題は《愛着形成に成功すること》です。

そして、このことが「人生の土台」となって、次の年齢の課題を乗り越える力（「生きる力」）となります。

ですから、愛着形成は人生にとって一番大事な発達課題になるのです。

第2章 正しい遊びの順番

Q6

正しい遊びの順番は？

次のテーマは「赤ちゃんの遊び」についてです。
次の3つの遊びを《どの順番》でするのが正しいでしょうか、という問題です。

A　**絵本を読んであげること**
B　**「たかいたかい」をしてあげること**
C　**ガラガラなどのおもちゃを持たせてあげること**

解説

赤ちゃんの遊びには適した月齢《げつれい》があります。
3つの中で最後にする遊びはBの「たかいたかい」です。
「たかいたかい」は、赤ちゃんの首や腰《こし》がしっかりしてくるまで、してはいけない遊びです。やり方によっては、頭が前後や左右に大きく揺《ゆ》さぶられ、脳内出血を起こしてしまうことがあるからです。赤ちゃんの首や腰がしっかりしてくるのが生後7カ月以降ですから、揺さぶらないように気をつけながらするとしても生後6カ月頃からです。

次に遅《おそ》くするべきなのは、手におもちゃを持たせることです。

赤ちゃんが自分の手で物をつかめるようになるのは生後3カ月頃です。ですからCの「ガラガラ」を持って遊べるようになるのも、それぐらいです。

つまり、一番早くできる遊びはAの「読み聞かせ」です。

絵本の読み聞かせは生後1カ月頃からできます。

生後1カ月の赤ちゃんの視力は0・02くらいですが、大人の視力検査のように《距離を離して小さい記号を見る》という調べ方はしません。赤ちゃんの目の動きから《どんなものを集中して見ようとするか》で調べるのです。

その結果、赤ちゃんが好んでよく見ようとするのは、次の4つであることがわかっています。

①顔（特にお母さんの顔）
②しま模様《もよう》
③水玉《みずたま》模様
④動きのあるもの

「顔」が好きなのは《自分を育ててくれる大切な人》を認識《にんしき》するためだといわれています。

「しま模様《もよう》」や「水玉《みずたま》模様」は、形やコントラスト（明暗《めいあん》）がはっきりするので認識しやすく、「動きのあるもの（モビールなどの吊《つ》り下げるおもちゃ）」は注意を引き寄せるので集中が続きます。

0歳児に大人気の絵本があります。それは「Sassyのあかちゃんえほん」と

出典：Sassy のあかちゃんえほん
（KADOKAWA）

いう絵本です。この本には「しま模様」や「水玉模様」がたくさん出てきます。また、赤、黄、緑といった「赤ちゃんが好む色」もたくさん使われています。

赤ちゃんは「読み聞かせ」が大好きです。生後1カ月の時点で絵本が好きになります。どうして好きになるのでしょうか？

色や模様以外にも、大切な理由があります。

大好きな人がそばに来てくれるから

それがお母さんであれば《お母さんの声やにおい》でわかります。《温かさ》も感じます。

絵本の中身を理解しているかどうかではなく、絵本にある色や模様や記号や言葉といった刺激《しげき》、それにプラスして、大好きな人が自分のそばに来てくれるという安心感——それらが「読み聞かせ」における大切な要素《ようそ》です。

というわけで、答えは次の順です。

A 読み聞かせ→C ガラガラ→B たかいたかい

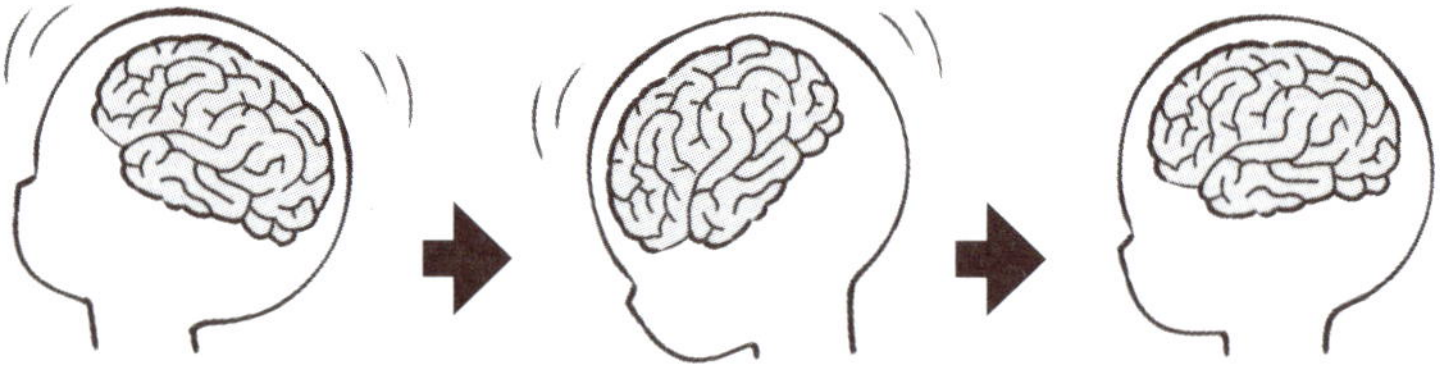

https://www.youtube.com/embed/09gzgGUOnY?start=350&end=397

コラム② 揺さぶられ症候群《しょうこうぐん》（ＳＢＳ）

「揺さぶられ症候群《しょうこうぐん》（ＳＢＳ：Shaken Baby Syndrome)」という言葉を聞いたことがありますか？

赤ちゃんの体を強く揺さぶると、目の内部や脳の内部で出血する現象で、障害《しょうがい》が残ったり、死亡したりするケースもあります。

この「揺さぶられ症候群」が起きる最大の要因は《赤ちゃんを泣きやませるために揺さぶってしまった》という親の知識不足です。ぜひ、上のＱＲコードからYouTube動画を見てみてください。多くの中高生がこの動画を見て「知らなかった」「衝撃《しょうげき》だった」と述べています。

参考文献：「揺さぶられ症候群の予防のための泣きに関する教育的動画の視聴効果」第66巻 日本公衛誌 第11号（2019）

第3章 夜泣きを止める方法

Q7

赤ちゃんの「夜泣き」がおさまりません。どうしたらいいでしょう？

赤ちゃんは一晩《ひとばん》に7回くらい夢を見るといわれています（大人は5回くらい）。

大人は睡眠《すいみん》が浅《あさ》い時に夢を見ますが、赤ちゃんはもっと浅い——目を覚ますギリギリのレベルで夢を見ます。

この時に目を覚まして泣くのが「夜泣き」です。

でも、夜中の2時とか3時に泣き出されたら困りますよね。こういう時はどうすればよいのでしょうか？

夜泣きを減らす「基本セット」というのがあります。

①朝は部屋に朝日を入れる

②日中はたくさん活動する

③夜は刺激を減らす

朝は部屋に朝日を入れてあげます。遮光《しゃこう》カーテンを使っている場合は、カーテンを開けてあげましょう。朝日を浴びることでメラトニンという睡眠ホルモ

「夜泣き」を減らす基本セット

ンが夜に分泌《ぶんぴつ》されるように体内時計がリセットされます。

日中はハイハイをするなど、体を使った活動が大切になります。泣くのも運動ですから、泣き出した時に急いで駆《か》け付けるのではなく、少しだけ泣く時間をとってあげることも大切です。

そして、夜は部屋の明かりを少し暗めにし、静かにしてあげると、眠る準備が整います。

しかし、それでも夜泣きを起こすことはあります。だっこしても泣きやみません！

そんな時はどうしたらいいのでしょうか？

実は、そういう時に赤ちゃんを泣きやませる《とっておきの方法》があります。それを使えば、ほとんどの赤ちゃんは泣きやみます。

その《とっておきの方法》とは、どんな方法だと思いますか？

ヒントは次の3枚の写真です。

この猫《ねこ》のお母さんも、ニホンザルのお母さんも、ライオンのお母さんも、その《とっておきの方法》を使っている瞬間の写真です。

スマホやタブレットで、次のQRコードを読み取ってください。赤ちゃんを泣きやませる《とっておきの方法》がわかります。

解説

夜泣きで泣きやまない時の《とっておきの方法》は、だっこをするだけではなく、

https://www.youtube.com/watch?v=DahZaguS5YA

YouTube 動画：「赤ちゃんの泣きやみと寝かしつけの科学」理化学研究所（2022）

《だっこして移動する》という方法です。これを「輸送反応《ゆそうはんのう》」といいます。

この「輸送反応」は、危険が迫っている時などに哺乳類《ほにゅうるい》のお母さんが赤ちゃんを運ぶ時に見られる反応です。危険が迫って母親が移動を始めると、赤ちゃんは、お母さんの邪魔《じゃま》にならないように体を丸くしたりしながらおとなしくします。人間の赤ちゃんにもこの本能が残っていて、だっこされて移動すると、協力しておとなしくなるというわけです。

でも、ようやく眠った赤ちゃんをベッドに置こうとすると、目を覚ましてしまうことがよくあります。どのくらいよくあるかというと、3回に1回は失敗して（目を覚まして）しまいます。これは「背中スイッチ」と言われる現象です。赤ちゃんの背中がベッドについた瞬間《しゅんかん》に目を覚ますので《赤ちゃんの背中にはスイッチがある》という考え方です。

しかし、研究の結果、実はベッドに背中がつく前の段階で赤ちゃんが反応してしまうことがわかりました。この反応は、だっこされている体（お腹《なか》）から

補足：東京工業大学の黒田公美《くろだくみ》さんが、理化学研究所に所属していた2013年4月に発表した研究成果です。

赤ちゃんを離した瞬間に起こるのです。

「背中スイッチ」ではなく「おなかスイッチ」だった

「とっておきの方法」をまとめると、こうなります。

《だっこして（できるだけ止まらずに5分くらい）歩く》＋《8分程度、だっこしたまま座って待つ》もちろん、その前に「夜泣きを減らす基本セット」が大切です。それでも夜泣きを起こして、どうしても泣きやまない時には、「だっこして移動」と「おなかスイッチ」のことを思い出してください。

この「おなかスイッチ」の研究結果が発表されたのは2022年9月のことですから、それより前に子育てをされた方は、知らない方が多いと思います。

知り合いに赤ちゃんを育てている方がいらしたら、教えてあげると喜ばれるのではないでしょうか。

コラム③「泣き」の対応は２種類

赤ちゃんが泣いた時の対応は、二つに分けられます。

一つは、泣いて知らせてくれたことを成功体験にする対応です。この時に大切なのは、親が《先回りをしないこと》です。

赤ちゃんが泣くのは悪いことではありません。持っている能力を使って不快を知らせることは大事な経験です。泣かないように先回りをして、泣く前におっぱいをあげておこうとか、泣く前にオムツを取りかえようといった「先回り」は、成功体験のチャンスを減らしてしまいます。また、赤ちゃんにとって泣くのは運動です。赤ちゃんを泣かせてしまうことに罪悪感《ざいあくかん》を持つ必要はありません。

二つ目の対応は《工夫《くふう》》です。

赤ちゃんも泣きたくないし、親も泣かせたくないのに泣くことが続いてしまう時の対応です。「夜泣き」はその典型です。こうした時は《工夫》の出番です。

夜泣きがおさまらない時に、車に乗せてちょっとだけドライブをすると、車の中で眠ってしまうということもあります。これは赤ちゃんの輸送反応を利用した泣きやませ方です。その他にも、歌を歌ってあげるなど、赤ちゃんが安心する方法を工夫するのが二つ目の対応です。

ただし、こうした時に母親だけが対応するというのは負担《ふたん》が大きくなりますから、家族で協力し合うことも必要です。

第4章 ストレスに負けないホルモン

えーん
えーん
ママって
スマホばっかり
見てる…
指を動かすと
何かがかわる？
ボクを見てくれる
ママになれ！
何してるの？

Q8

禁止した「4つのこと」とは？

今から約８００年前のお話です。
神聖ローマ皇帝のフリードリヒ2世が、生まれたばかりの赤ちゃんを50人も集めて、ある実験をしました。

この４つのことを禁止して赤ちゃんを育てたら何語をしゃべるだろうか？

そして、赤ちゃんを世話する人（乳母《うば》）に「４つのこと」を禁止して赤ちゃんを育てるように命令をしたのです（ただし、ミルクを与えるのと、オムツを取《と》りかえるのだけはしてもよい）。

さて、赤ちゃんの世話をする人に禁止した「４つのこと」とは、一体なんだと思いますか？

出典：岸本弘「新しい父親像と母親像の研究Ⅱ」（1989）

解説

それは次の4つです。

①赤ちゃんをだっこしてはいけない
②赤ちゃんに話しかけてはいけない
③赤ちゃんに笑いかけてはいけない
④赤ちゃんと目を合わせてはいけない

この「4つのこと」を命令して育てさせました。

その結果、50人の赤ちゃんは、言葉を話せるようになるどころではなく、全員が1年以内に亡《な》くなってしまいました。今では考えられないことですが、私たち人類には、こうした暗黒の歴史があって、現在の適切《てきせつ》な子育てがあるわけです。

ところで、「4つのこと」を禁止すると、なぜ赤ちゃんは死んでしまうのでしょうか？

今では、その原因がわかっています。

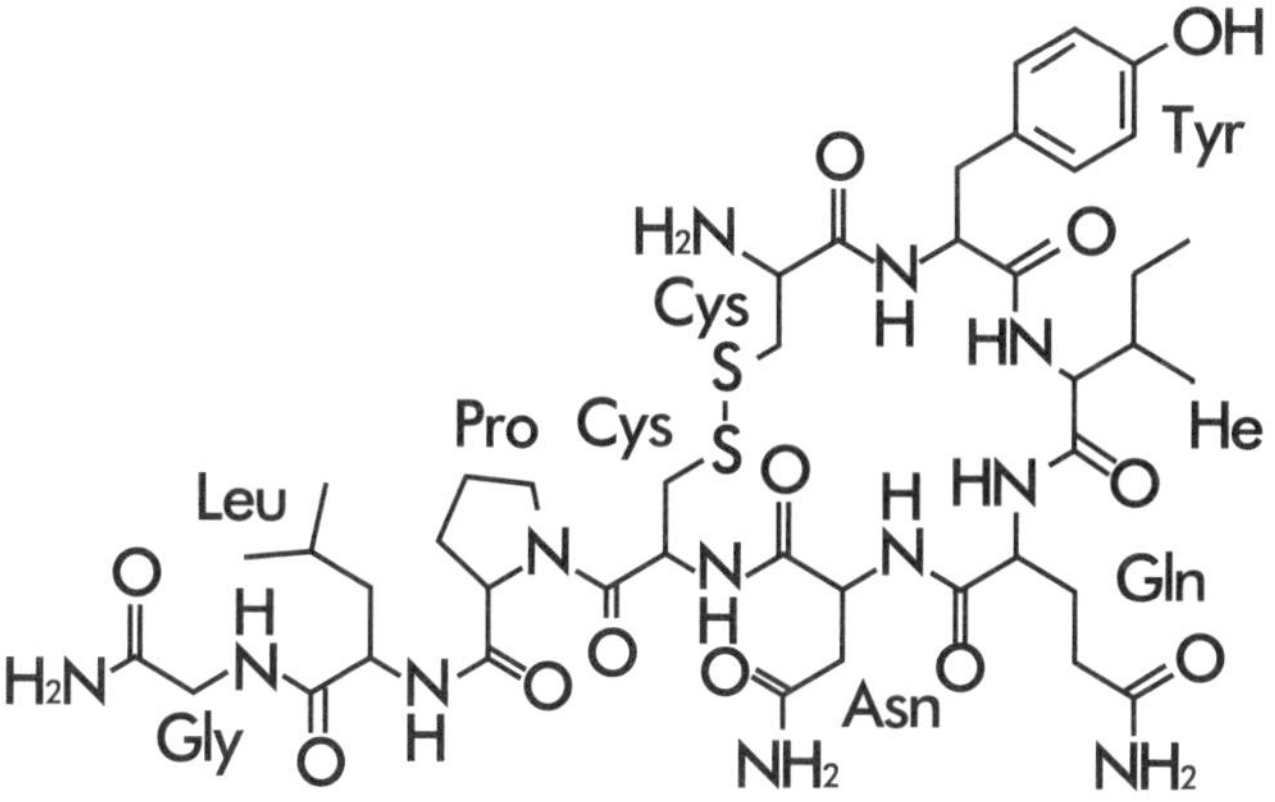

それは脳の中に、とあるホルモンが出なくなるからです。こんな分子《ぶんし》構造《こうぞう》をした物質です。

別名「愛情ホルモン」「抗《こう》ストレス（ストレスに対抗する）ホルモン」などといわれるそれは、「オキシトシン」というホルモンです。

オキシトシンには、愛着を深め、成長を促《うなが》す作用《さよう》やストレス反応を弱める作用があることがわかっています。

そのオキシトシンが分泌《ぶんぴつ》されるのが次のような時なのです。

①だっこした時
②話しかけた時
③笑いかけた時
④見つめ合った時

お母さんが赤ちゃんにおっぱいを飲ませている時には、赤ちゃんにもお母さんにもオキシトシンが分泌されることがわかっています。

フリードリヒ2世の実験で亡くなった赤ちゃんたちは、この4つを禁止されたので、愛情を感じられずにストレスの中で亡くなったのだと推測《すいそく》されます。

参考：岸本弘《きしもとひろむ》「新しい父親像と母親像の研究Ⅱ」（1989）

オキシトシンが分泌されるのは、赤ちゃんだけではありません。大人も同じです。

- **好きな人とハグした時**
- **好きな人に話しかけられた時**

オキシトシン どんな時にでるか？

①だっこした時 ②話しかけた時
③笑いかけた時 ④見つめ合った時

- **好きな人に笑いかけられた時**
- **好きな人同士が見つめ合った時**

そんな時にもオキシトシンが分泌されます。

また、親子や恋人に限らず、友達同士で笑い合ったり、楽しいことをしたりする時にも分泌されます。

このような作用があることから「愛情ホルモン」「抗ストレスホルモン」と呼ばれているわけです。

参考文献：「愛情深いタッチと日中のオキシトシンレベル：生態学的瞬間評価研究」
ハイデルベルク大学病院心理社会医学センター（２０２３）

コラム④ 目《まな》交《か》い

日本には「目《まな》交《か》い」という子育てスキルがあります。

やり方は簡単です。赤ちゃんと目を合わせることです。

赤ちゃんが人の顔や絵本などをじっと見つめることを「注視《ちゅうし》」といいますが、この注視の時に、赤ちゃんと目が合えば「目交い」は成功です。

これには、笑顔が重要です。生後36時間の赤ちゃんでも人の表情を見分けられることが研究結果からわかっています。

赤ちゃんは、大人と目が合って、笑いかけられたり、呼びかけられたりする中で「人との関係」を学習します。これが「目交い」であり、人が「思いやり」を獲《かく》得《とく》していく第一歩なのです。

小児科医療《しょうにかいりょう》の世界において「育児の神様」と呼ばれる故・内藤寿七郎《ないとうじゅしちろう》先生は、その著書の中で次のように書かれています。

「ゼロ歳から1歳過ぎのしつけは、お母さんと赤ちゃんの目と目による対話をしながら『まなかいだっこ』だけで十分です。」

文献①：内藤寿七郎『新「育児の原理」赤ちゃん編』(2017)
文献②：池田慎之介《いけだしんのすけ》「表情の真偽判断における発達的機序の検討」(2019)
文献③：土佐希望の家分校「コミュニケーションに関する発達段階表」

第5章 赤ちゃんの心の中を知る方法

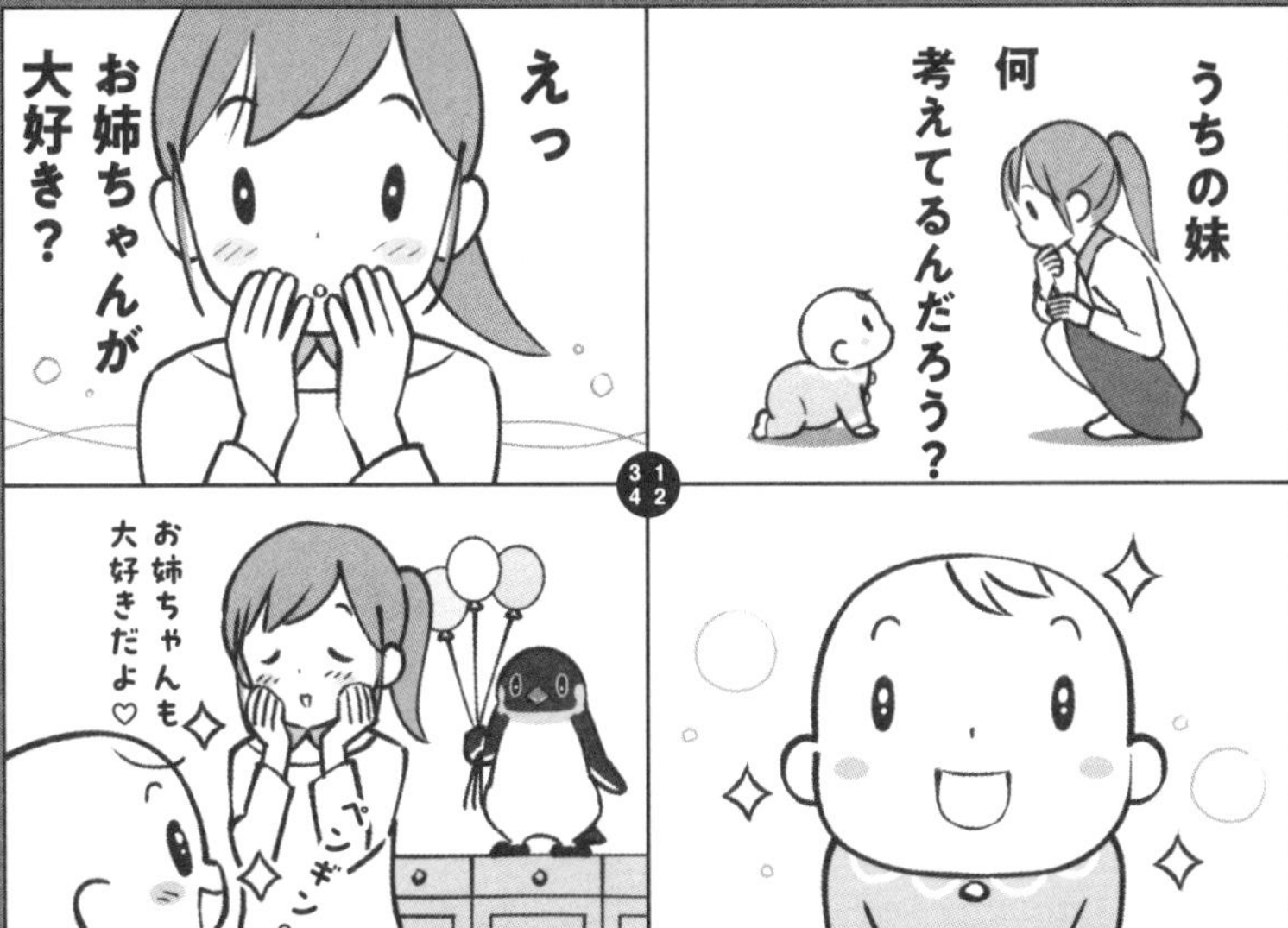

Q9

赤ちゃんは心の中でどう思っているのでしょう？

YouTubeでのチャンネル登録者数４・８３万人（２０２４年９月現在）の子育てユーチューバー「たつごろう」さんをご存じですか？

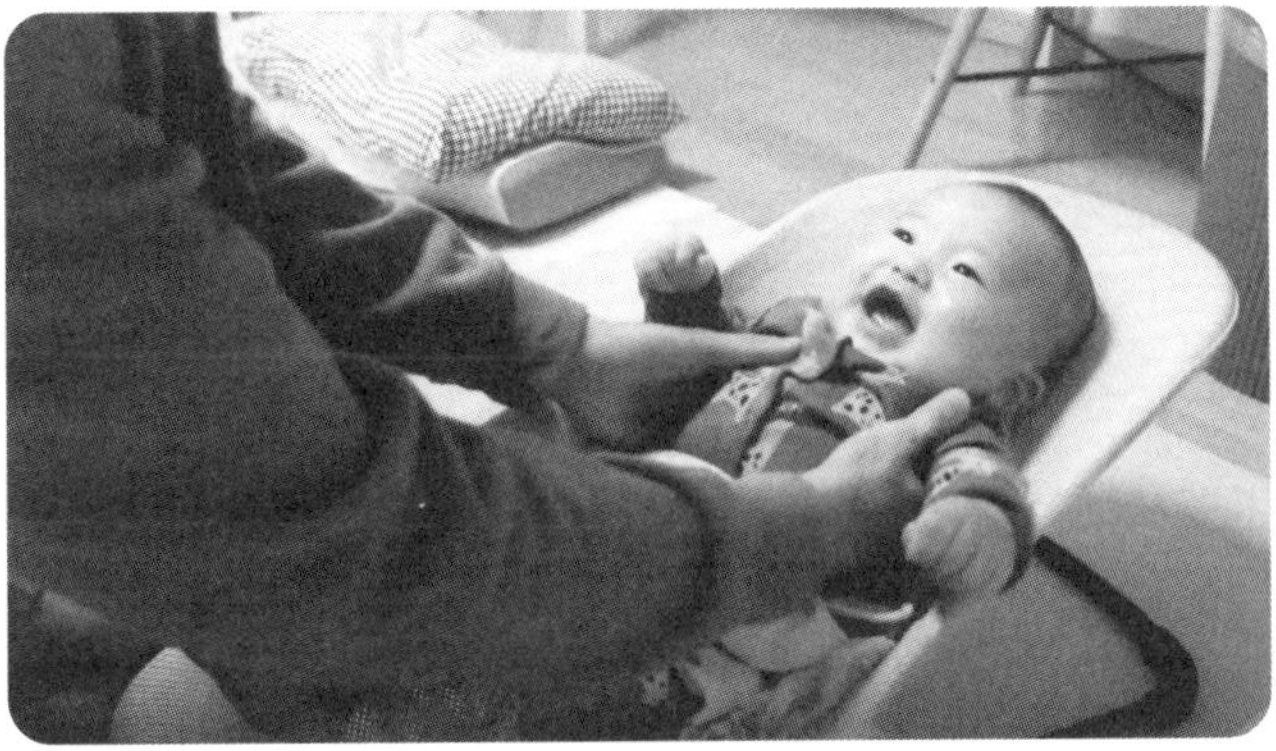

本書では、「たつごろう」さんから許可をいただき、動画の写真を使わせていただいています。

上の写真は、再生回数５１９万回（２０２４年９月現在）という驚きの人気動画です。

それが「【満面《まんめん》の】抱《だ》っこされるのが分かった瞬間の赤ちゃん【笑顔】」という動画です。

本書を読んでいる皆さんにも、ぜひこの動画をご覧になっていただきたいと思います。そして、動画の中に出てくる赤ちゃんの心の中を想像してみてほしいのです。

ぜひ、次のＱＲコードを読み取ってスマホやタ

※この動画をよく見ておいてください。

https://www.youtube.com/watch?v=-NtClB2whzU

ブレットでご視聴ください。約1分という短い動画です。

そして、動画の中に出てくる赤ちゃんの「心の中の言葉」を想像してみてください。いくつかの場面が出てきますが、どの場面でも赤ちゃんの「心の中の言葉」は3つです。

動画に出てくる赤ちゃんは生後4〜5カ月です。ですから、まだ言葉は話せません。《この赤ちゃんが言葉を話せたらどんなことを口にしているだろう?》という想定で考えてください。

答えは私と、この赤ちゃんのお父さんである「たつごろう」さんとで決めました。

二人が「この答えだと思う」としたものを正解とします。

赤ちゃんは心の中でどう思っているのでしょうか?

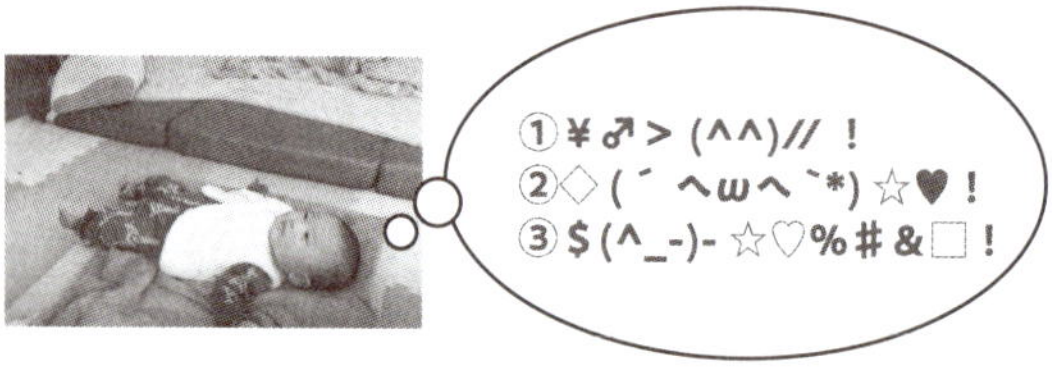

※この子のお父さんの回答を正解とします。

解説

一つ目の問題は、動画のこの写真の時の「心の中の言葉」です。

さて、この写真の時の赤ちゃんの「心の中の言葉」はなんでしょう？

もし、言葉を話せるなら、なんと言っているのか？

答えの一つ目はこれです。

「お父さんだ！（お父さんかな？）」

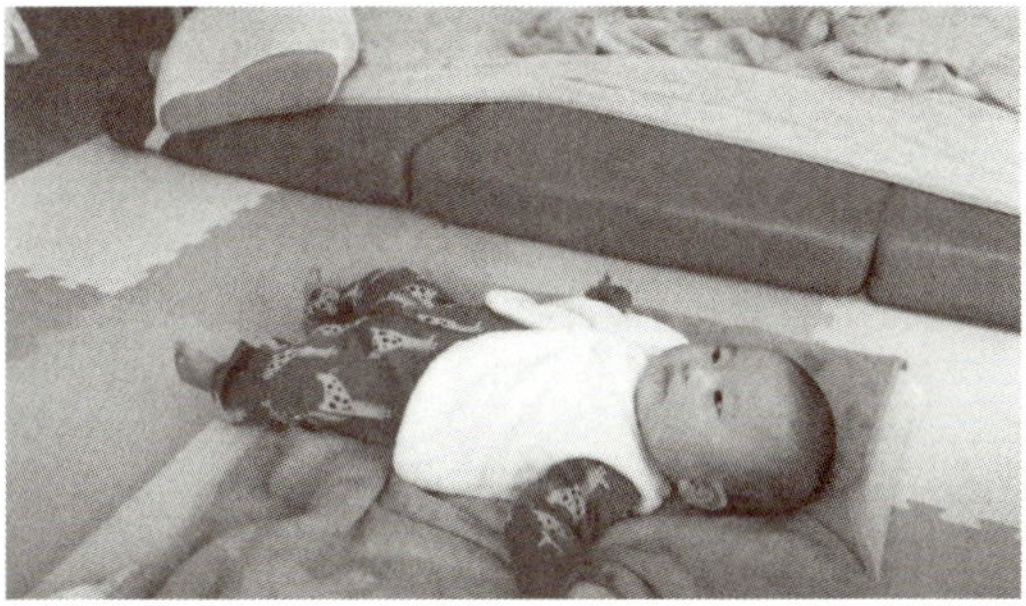

これと似たような言葉であれば正解とします。

この場面は、お父さんが近づいてきたのを感じ取っているところです。

ですから、「お父さん、来てくれるかな？」といった予想でも正解とします。

ところで、この時に使っている能力を「〇〇能力」と呼ぶのですが、覚えていますか？　タオルの上で寝ているこの赤ちゃんが、お父さんの気配を感じ取るために使う能力です。

それは**「確認能力」**です。

お父さんだということを確認しているのです。

私はこの時期の赤ちゃんが持っている能力を知っているので、この場面での「心の中の言葉」は、「お父さんだ！」とか、「お父さんかな？」だと予想できました。

スキルを持っていると、このように赤ちゃんの心の中を想像することができるわけです。

補足：ここでの「確認能力」は、ボウルビィの愛着理論における「定位行動」に対応します。

答え①

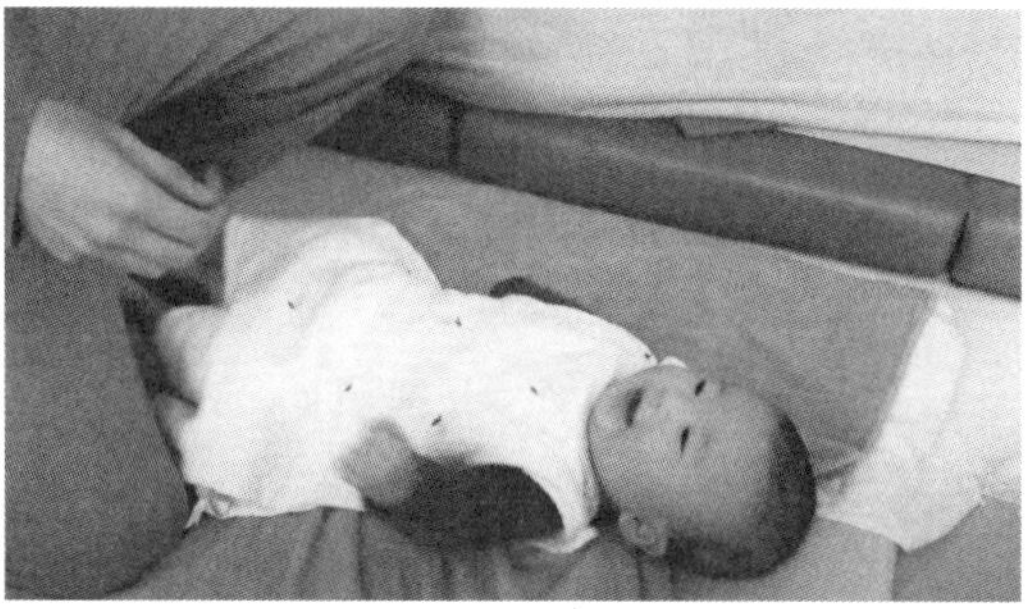

2つ目の問題は、動画のこの写真の時の「心の中の言葉」です。

この場面なら想像しやすいのではないでしょうか。

答えはこれです。

「やったー!!」

ところで、どうして「やったー!!」なのか、わかりますか？　普通は《お父さんが来てくれてうれしいから》だと答えるでしょう。でも、その考えは単純過ぎます。この本を読んでいる方には、ここをもっと深掘《ふかぼ》りしてほしいのです。心の中の言葉がどうして「やったー!!」なのか？　さっきは自分の確認能力を使って、「お父さんかな？」と思って期待していました。そして、その期待どおりにお父さんがやって来たわけです。ですからここは、「やっぱりお父さんだった!!」というように、自分の期待が当たったことがうれしいのです。

さて、この時に使っている能力はなんでしょう？

顔が笑っていますよね。

ですからこれは「**発信能力**」です。

このような時に声を上げる場合もあります。それは、どちらも情報を「発信」しているわけです。

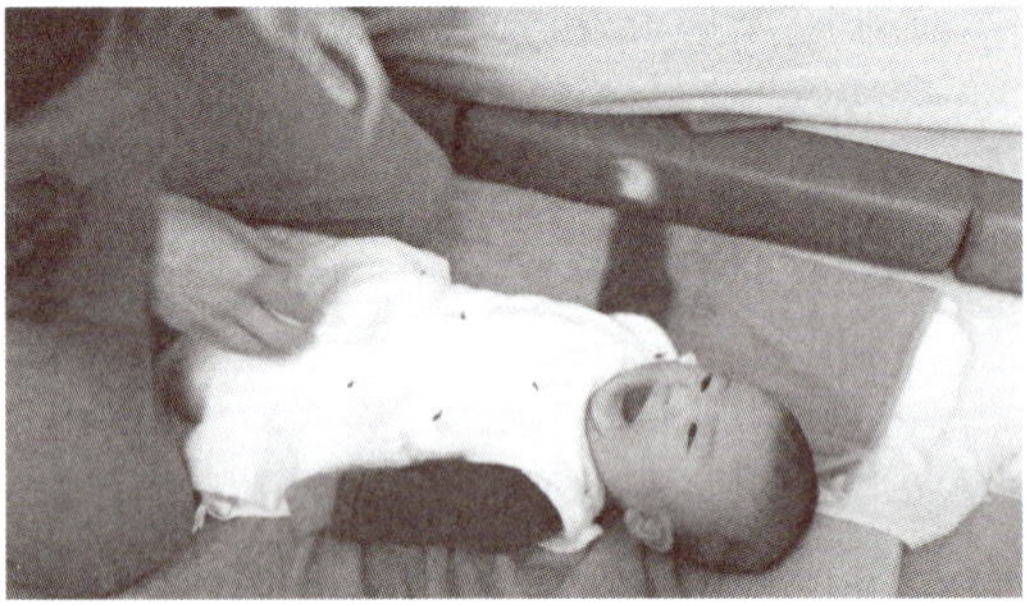

最後の3つ目の場面を予想しましょう。

上の写真です。ヒントは「やったー!!」に続く言葉だということ。もし、この瞬間の感情を言葉にできるとすれば、それは、「うれしいなあ！」でしょう。こ

れが3つ目の答えです。

2つ目の言葉と合わせると、「やったー!! うれしいなあ!」です。

さて、この場面で使っている能力を考えてみましょう。ヒントは赤ちゃんの体の動きです。

だっこされる体勢《たいせい》を自分からとっていますね。それが能力です。何能力でしょう?

赤ちゃんは8カ月くらいになると(個人差はありますが)、ハイハイができるようになります。ハイハイをして親を追いかける時に使う能力も、これです。

それは「**接近能力**」です。

この場面のようにだっこされる体勢を自分からとるのも「接近」です。

答え③

①確認能力
②発信能力
③接近能力

3つの能力を使って赤ちゃんは成功体験を重ねます。

ベッドの中に寝ていても、親が近づいてくる気配を感じていたり、声を上げて気持ちを表したり、赤ちゃんは自分の能力を使って成功体験を作ろうとします。そして、その成功体験が脳の中で記憶され、《自分は親から愛されている》と判断できるようになります。

その記憶（絆）のことを「愛着《あいちゃく》」と言いま

①確認能力
（聞く・見る・かぐ）

②発信能力
（泣く・声を出す・ほほえむ）

③接近能力
（手をのばす・追いかける）

す。

そして、この一連の流れが**「愛着形成《あいちゃくけいせい》」**です。

ここまでをまとめます。

①「お父さんだ！」「来てくれるかな？」

②「やったー!!」

③「うれしいなあ！」

どうですか？

①〜③の言葉を振り返っただけでも、赤ちゃんの気持ちが想像できるようになった気がしませんか？

《想像ができるようになった》ということは《理解ができるようになった》ということです。これを《理解するためのスキルが身についた》ともいいます。

さて、本当にそのスキルが身についたかどうかを、自分自身で試してみてください。やり方は簡単です。

先ほどの動画をもう一度視聴してください。自分の子育てスキルがレベルアップしていることに気づけるはずです。

これは、やってみることを絶対におすすめします！

動画で自己判定

ご自分のスキルを確かめてみてください。

https://www.youtube.com/watch?v=-NtCIB2whzU

https://win3.work/online-lecture-1/

コラム⑤ 授業「赤ちゃん学」

出前授業「赤ちゃん学」は２０１８年11月30日に北海道《ほっかいどう》の湧別《ゆうべつ》高校で初めて実施されました。

その時は32人の高校生の前で授業をしました。

その後、オンラインでも授業をするようになり、２０２４年の５月までに、３２５５名の小・中・高校生が授業を受けてくれています。

オンライン授業では、教室で先生がテレビにパソコンをつなげ、私がオンラインで問題を出します。

先生は生徒同士で相談させたり、発表させたりして、授業を進めます。答えとその解説も、リアルタイムで行います。

最後に授業の感想を送っていただいています。

その感想の一部は、私のブログ「子育てｗｉｎ３計画」でご覧いただけます。

出前授業の申し込みフォームも、こちらにございます。

第6章 思いやりの心を育てる方法

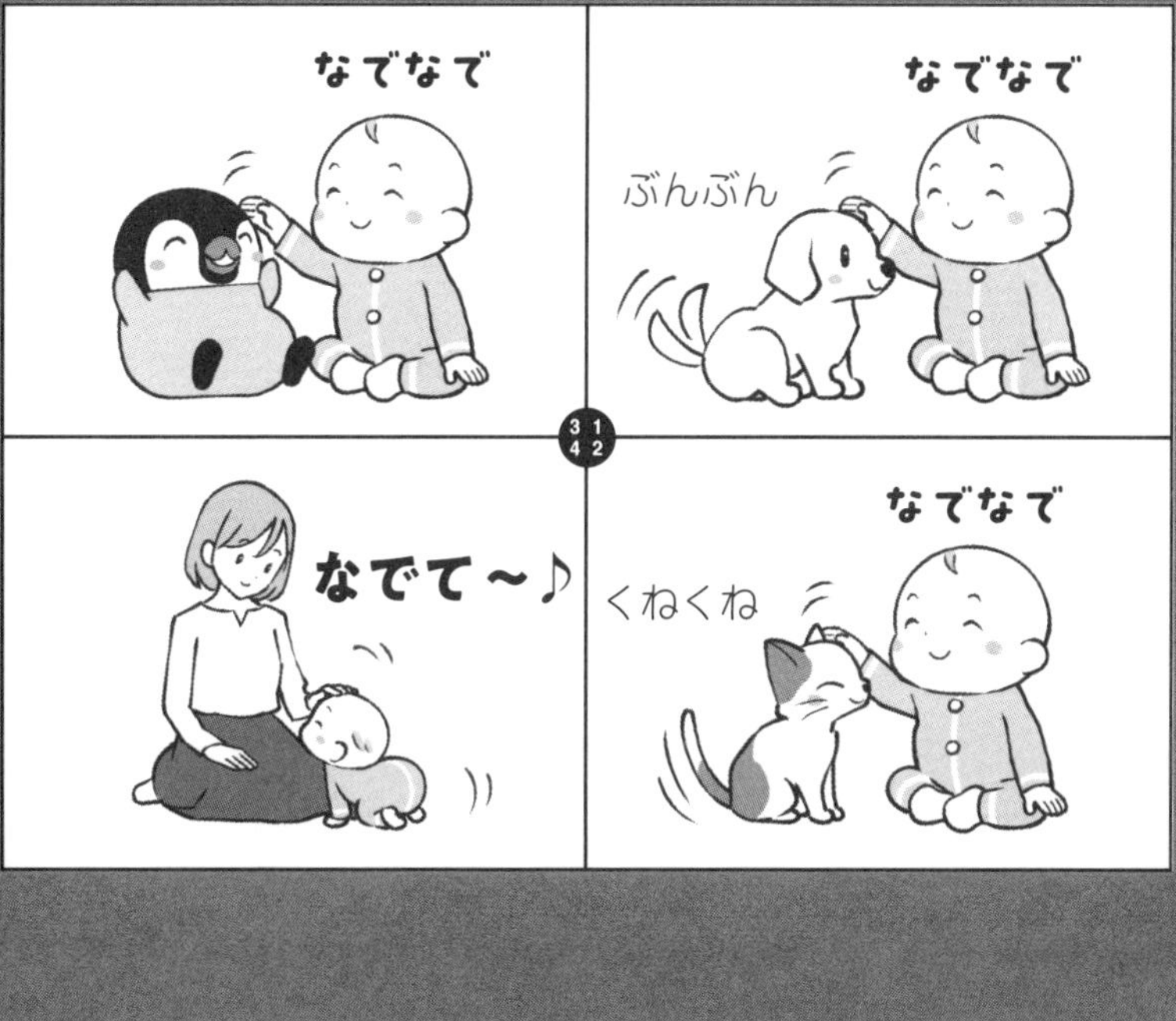
なでなで
ぶんぶん
なでなで
くねくね
なでなで
なでて～♪

Q10

赤ちゃんをだっこしているつもりで「お花、咲《さ》いてるねえ」をどう言いますか?

お題 **赤ちゃんと散歩しているつもりになって、言葉をかけてみてください。**

※赤ちゃんをだっこしているつもりで！

採点基準

① **10点**
② **30点**
③ **30点**
④ **30点**

赤ちゃんと散歩しているつもりになって、だっこしている赤ちゃんに言葉をかける――という問題です。

セリフは決まっています。

「お花、咲《さ》いてるねえ」

言うのは、これだけです。

読者の皆さんは、このセリフを言えますか？

「お花、咲いてるねえ」

採点基準があるということは、「正しい言い方」があるということです。

昭和《しょうわ》の前半に生まれた方々なら、基準など意識せずに100点がとれるはずです。しかし、平成《へいせい》生まれですと、「え？　どうしよう！」と困ってしまう方もいらっしゃるのではないでしょうか。

常葉《とこは》大学の柴田俊一《しばたしゅんいち》教授の研究によると、グラフのように、日本人の「子育て能力」はどんどん低下していることがわかっています。

昭和の後半から3世代同居が減り始め、子育ての仕方を《見て知っている大人》が激減《げきげん》したのです。

昭和初期では、「赤ちゃんの育て方」というのは知らず知らずのうちに《見て知っている》というのが普通でした。その頃の「子育て能力」を100とした時、第二次世界大戦後に80となり、それが60になり——と「子育て能力」が低下し、今では「40以下」にまで下がっている、というのが柴田教授の指摘です。

親の教育能力の変化

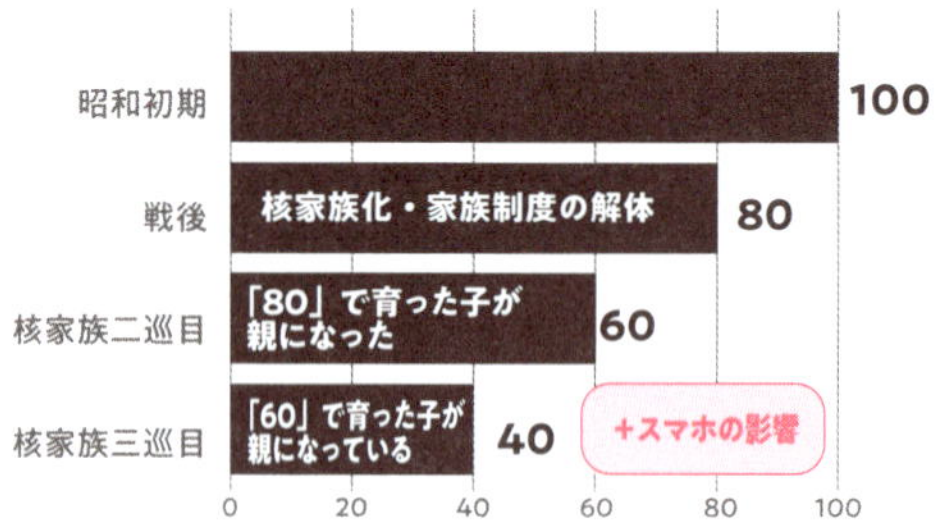
昭和初期
100
戦後
核家族化・家族制度の解体
80
核家族二巡目
「80」で育った子が親になった
60
核家族三巡目
「60」で育った子が親になっている
40
+スマホの影響
0
20
40
60
80
100

出典：米澤好史《よねざわよしふみ》編著『愛着関係の発達の理論と支援』（金子書房）（2019）

「お花、咲いてるねえ」というセリフを言うだけで、子育てスキルを判定することができます。

採点ポイントは４つです。

解説

まず、配点が10点のスキルから見ていきましょう。

下の図①がヒントです。だっこの仕方です。

このイラストのお父さんは赤ちゃんを《優しくだっこ》しています。具体的に表現するなら《包み込むようなだっこ》です。「だく＝腕《うで》で包む」ですから文字どおりです。

それができていれば「10点」です。

授業では、「審査役《しんさやく》の生徒から見て《まあいいかな》

① [redacted] していたか

10点

と思えたら10点にしてあげてください」と言っています。

採点《さいてん》基準《きじゅん》の2つ目は「マザリーズ」を使ったかどうかです。マザリーズというのは、赤ちゃんや幼児に話しかける時に、普段《ふだん》よりも少し高めの声で抑揚《よくよう》（イントネーション）をつけて話す話し方のことです（図②のA）。

30点

②

A お花、咲いてるねえ。↗

B お花、咲いてるねえ。↘

「お花、咲いてるねえ」と言う時に、少し語尾《ごび》のトーンを上げて言いませんでしたか？　低い声で、語尾のトーンを下げて言う人（図②のB）は滅多《めった》にいないはずです。

《マザリーズを使っていたな》と思えたら30点です。

1人でやっている場合は、確認しながらもう一度言ってみてください。

ちなみに、マザリーズは乳幼児の注意をひきつけ、集中を維持《いじ》させる効果があることが多くの研究結果から明らかにされています。

採点基準の3つ目と4つ目は、ほぼ同時に行う行為《こうい》です。

高校生では、ここでポイントを獲得《かくとく》できない生徒が半数近くいます。

逆にいうと、約半数の生徒は意識しているかどうかはわかりませんが、このスキルを身につけています。

果たして、読者の皆さんは意識できているでしょうか？

答えがわかるという方は、そのスキルを意識的に使いこなせています。

ちなみに、このスキル（③と④）は、英語で「ジョイントアテンション」と言います。日本語では「共同注視《きょうどうちゅうし》」です。「注視」とは

③赤ちゃんと [redacted] 30点

④お花に [redacted] 30点

文献：「0歳児におけるマザリーズの効果に関する一考察」児玉珠美《こだまたまみ》（2015）

「見つめる」という意味です。

つまり、共同注視（ジョイントアテンション）とは、お互いに（この場合は親子で）同じものを見つめるというスキルです。

具体的には、次の2つの行為が必要になります。

③赤ちゃんと目を合わせる

④お花に視線《しせん》を送る

「お花、咲いてるねえ」と言う時に、③ができる高校生は結構《けっこう》います。

しかし、④も付け加えるとなると、その人数は減ります。

もし、どちらか一方でも行われていたら配点していいことにしていますが、本来は③と④の両方があって共同注視が成り立ちます。

なぜなら、赤ちゃんはまだ言葉を理解できないからです。

「お花、咲いてるねえ」という言葉は、《あそこにお花が咲いてるから見てごらん》という意味です。0歳の赤ちゃんが言葉だけでこの意味を理解することは困難です。ですから、その意味（意図《いと》）を伝えるために共同注視というスキルを使います。

【お花を見ながら】「お花、咲いてるねえ」と言う

【③】赤ちゃんと目を合わせる

【④】お花に視線を送る

【結果】赤ちゃんもお花を見る

つまり、お花を見るように《促《うなが》している》わけです。《助けている》といってもいいかもしれません。

そのことが意識されているならば、次のようなパターンもあり得ます。

【③の1】赤ちゃんと目を合わせて

【③の2】「お花、咲いてるねえ」と言う

【④】お花に視線を送る

【結果】赤ちゃんもお花を見る

これが「共同注視（ジョイントアテンション）」です。
発達心理学における解説では次のようになります。

共同注視とは、他者の注意を感じ取ってその注意の方向を追いかけること

共同注視では《相手の心を感じ取る》わけですから、「思いやり」の基礎《きそ》になります。

12～18歳の子どもを持つ保護者を対象に「将来どんな子になってほしいか」をたずねたアンケート調査があります。

出典：「中高生の保護者に聞く！子どもに期待する将来像・職業アンケート調査」
通信制高校ナビ編集部（2022）

この調査によると、最も多かったのが「思いやりがある」で、その次に「明るく元気」「人に迷惑をかけない」が続いていました。

実は、この結果はたまたまではありません。別の調査でも「思いやり」がトップにくることは少なくありません。たとえば学研教育総合研究所の調査では、幼児の保護者においても、小学生の保護者においても、「思いやり」がトップでした。

出典：学研教育総合研究所（2018）

そこで、次のことを覚えておいてください。

「思いやり」の心は、0歳の時から育てることができます。そして、そのためのスキルもあります。それが「共同注視」です。

実際の授業を受けた中高生の感想を、いくつか紹介させていただきます。

愛情を与えないと死んでしまうというのは知らず、驚きました。赤ちゃんを育てるのはすごく大変なことで、手探りでやっていくしかないと思っていましたが、ちゃんとした「コツ」があるのだということがわかりました。大人になって子どもが生まれたら実践してみたいです。（高3女子）

赤ちゃんのことなんて、自分には関係ない、遠い話だと思っていました。でも、今後ちゃんと教えてもらうことなんてないと思うので、知ることができてよかったです。（中3女子）

もし僕が将来、子どもを持つことになったら、いっぱい話しかけたりして、元気に育ってほしいと思います。（中3男子）

コラム⑥ 子育ての仕方を教えている国

日本の学校では「赤ちゃんの育て方」を教えることにはなっていませんが、世界に「赤ちゃんの育て方」を教えている国はあるのでしょうか？

調べてみたところ、ただ1国だけ、見つかりました。

それはスウェーデンです。

スウェーデンでは、高校の家庭科の授業で「赤ちゃんの育て方」が必修科目になっています。「必修科目」ということは、将来、結婚して赤ちゃんを育てるかどうかにかかわらず、その国のほぼすべての国民が「赤ちゃんの育て方」を知っているということです。

これにはどんないいことがあると思いますか？

私は実際にスウェーデンに行ったわけではありませんが、もしそのことがいい影響を与えているとしたら、こんなことが予想されるでしょう。

①親になった時に困らない

②まわりの人の目が温かくなる

③父親の育児参加が増える

3つ目の「父親の育児参加」は日本において重要な課題になっています。

このことについては次の章で紹介したいと思います。

参考文献：豊村《とむら》洋子《ようこ》・青木《あおき》優子《ゆうこ》「スウェーデンの義務教育学校における家庭科教育」（2012）

最終章

親になるってどういうことか考えてみよう

(1)《ちょうどいい親》とは?

子育ては、実はそれほど難《むずか》しくはありません。誰もが子どもにとって《適切な親》になることができます。

その親の姿を一言でいうと、「グッド・イナフ・マザー」と「グッド・イナフ・ファーザー」です。

「グッド・イナフ(good enough)」というのは「ちょうどいい」という意味です。イギリスの精神分析家で小児科医《しょうにかい》でもあるドナルド・ウィニコットが提《てい》唱《しょう》した考え方で、素晴らしい親ではなくて《まあまあ普通《ふつう》の親が子どもにとってはちょうどいい》という理論です。

神戸《こうべ》大学経済経営研究所が約230万人のモニターから33万8千707人をランダムに抽出《ちゅうしゅつ》し、最終的に1万人(男性5千人・女性5千人)からの回答を得て分析した大規模《だいきぼ》調査があります。

その質問は、《子ども時代に親からどんな子育てを受けたか》です。

その研究結果によると、所得《しょとく》、幸福感《こうふくかん》、学歴《がくれき》で、高い成果を得ている人が親から受けた子育てには、共通することがありました。

厳格型《げんかくがた》は、厳し過ぎる子育てです。
迎合型《げいごうがた》は、まったく厳しくしない甘《あま》やかしの子育てです。
放任型《ほうにんがた》は、まったく関係を持たない子育てです。
虐待型《ぎゃくたいがた》は、暴言《ぼうげん》や暴力による子育てです。

研究では、この4つを「しない」親のもとで育った子が、幸せな人生を送っていたということがわかりました。

要するに、厳し過ぎず、甘やかし過ぎない。

そういう「ちょうどいい親（この研究では「**支援型**《しえんがた》」という）」のもとで育った人が、幸せだったのです。

次の言葉は大型スーパーのフードコートで母親が我が子を叱《しか》っている場面のものです。子どもは2歳ぐらいです。

テメェー！
こぼすなよ！
怒

買うなって
言っただろうが！
いらんだろうが！
怒

何でやるって言うの？
ダメって言ったでしょ！
（頭を叩く）
怒

地べたに座って
泣いている子を
無視！
怒

母親は「しつけ」のつもりで言っていたのかもしれませんが、こうした言葉は子どもの心を傷つけます。《ちょうどいい》とは真逆の言葉です。

乱暴な言葉で育った子どもの脳は、脳の側頭葉《そくとうよう》という部分の発達が遅れるこ

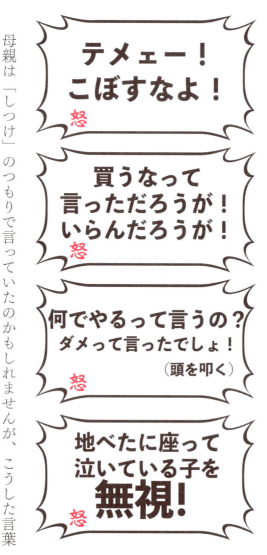

とがわかっています。そうなると、言葉による理解を面倒《めんどう》に感じる子になり、「バカ」とか「死ね」のような短い言葉に頼《たよ》ってしまうようになります。

参考：「体罰や言葉での虐待が脳の発達に与える影響」友田明美《ともだあけみ》

厳し過ぎるのとは反対に、甘やかし過ぎるのもよくありません。

この本でも取り上げましたが、子どもは自分の能力を使って成功体験を手に入れることで成長していきます。したがって、子育てに親の「先回り」はマイナスです。

泣くのはかわいそうだからといって、お腹《なか》がすく前にミルクをあげたら、赤ちゃんは《泣いて知らせて来てもらう》という体験を失います。ちょうどいいタイミングでミルクをあげるのが成功体験になるわけです。

我が子が小学生になった時に、友達からいじめられるのが心配だからといって、親が子どもの友達を選んであげるのは行き過ぎです。子どもは《小さなつまずき》を経験することによって、やがてくる《大きなつまずき》を乗り越える力を身につけていくものです。過保護《かほご》や過干渉《かかんしょう》といった子育ては、そうした経験の機会をうばうことになってしまいます。

参考：ＰＨＰカセットテープ集『向山型教え方教室』

ちょうどいい親になるのは、それほど難しくはありません。

①厳し過ぎない
②過保護にしない
③放任しない
④虐待《ぎゃくたい》しない

まず《やり過ぎない》こと。

そして、「いい親」になろうとして《頑張り過ぎない》こと。

親だって、一人の人間です。自分にもやりたいことがあるでしょうし、なまけることもあります。親として頑張り過ぎず、ダメだった時は自分を許せる親が、子どもにとっても居心地《いごこち》がいいのです。

「子育て四訓」

乳児《にゅうじ》はしっかり肌を離すな
幼児は肌を離せ、手を離すな
少年は手を離せ、目を離すな
青年は目を離せ、心を離すな

（2）子育て四訓

上は**「子育て四訓」**といって、親子の関係をシンプルに示した言葉です。

注：秩父《ちちぶ》神社の薗田《そのだ》稔《みのる》氏が唱えた『親の心得』が原典だと言われる。

乳児《にゅうじ》はしっかり肌を離すな

これは乳児《にゅうじ》期の親子関係です。「スキンシップ＝愛着形成」ですね。

幼児は肌を離せ、手を離すな

これは幼児期の親子関係です。歩けるようになっていますから「下におろす」段階ですね。でもまだ愛情が必要ですし、怪我《けが》をしやすい時期でもありますから、手はつないでおきましょう――ということです。

少年は手を離せ、目を離すな

それが学校に行くようになって手が離れます。友達と遊ぶようになり、生活範囲が広がります。

でもまだ子どもですから、手から離れても、親は「何をしているのか」を把握《はあく》しておかなければなりません。「目を離すな」とはそういう意味です。

そして、最後は思春期《ししゅんき》です。

青年は目を離せ、心を離すな

思春期には親に対して素直になれないことがあります。反抗期と言ってもいいでしょう。親に見られただけでもムカッとしたりします。

そんな時期ですから目を離してあげることも必要です。

では、目を離して心を離さないとは、どうすればいいのでしょう?

2つあります。

①余計なことをしない。

②淡々と当たり前のことをし続ける。

たとえば、親が食事を作るのは普通のことですよね。

思春期の子でもお腹は減《へ》ります。一緒のテーブルで食べる機会は少なくなるかもしれませんが「食べること」は必要でしょう。「食事を作ってあげる」「洗《せん》濯《たく》をしてあげる」「送り迎えをしてあげる」……。

直接的なコミュニケーションは減ったとしても、思春期にはこうした「当たり前のこと」が親の愛情になります。

ただし、です。

思春期には挫《ざ》折《せつ》がつきものです。恋愛や進学や友達関係のことなどで悩んだ時に、「親に相談しようかな……」と思う場合もあるでしょう。

そういった時に「いつでも帰ることができる場所」があることが大切です。それを「心の港」といいます。船が傷ついた時、嵐《あらし》の時などに、また戻ってこられる港という意味です。つまり、いつ戻ってきてもいいような《普段どおりの家庭・家族の雰囲気》が「心の港」です。

「子育て四訓」を知っておくと、赤ちゃんから思春期までの子育ての方向性がつかめると思います。

（3）困難を乗り越える力の育て方

子育てには、絶対にしてはいけないことがあります。
それは虐待です。虐待は法律で禁じられています。

出典：「児童虐待の防止等に関する法律」（令和2年4月施行）

> ①身体的虐待《しんたいてきぎゃくたい》（しつけとして体罰を加えることなど）
> ②精神的虐待（暴言《ぼうげん》や無視や子どもの前での暴力など）
> ③ネグレクト（放置《ほうち》するなど）
> ④性的虐待

これらは、子どもにとって「つらい体験」となります。

それとは逆に、子どもにとって「望ましい体験」もあります。例えば、

①家族と「自分の気持ち」についての会話ができた
②困難な時に家族が自分のそばにいてくれた
③地域のイベントに参加して楽しんだ
④高校で所属《しょぞく》意識《いしき》が感じられた
⑤友達から助けてもらった
⑥親以外の少なくとも二人以上の大人が自分を理解してくれた
⑦自宅が安心安全な居場所になっていた

①〜⑦を「ＰＣＥ（ポジティブな小児期《しょうにき》体験《たいけん》）」と言います。
これらの体験が「望ましい体験」だということは、誰の目にも明らかだと思いますが、この①〜⑦のすごいところは、子どもの時に「つらい体験」をして

いた人でも、こうした体験をすることによって回復《かいふく》する（困難を乗り越える）ことができるという点です。

出典：「Positive Childhood Experiences（PCEs）」Pinetree Institute

①～⑦に共通するキーワードはこれです。

信頼《しんらい》

人生において、信頼できる人との出会いは、困難を乗り越える力になります。《自分は助けられている》《独りではない》という安心感を持たせてくれます。それは、家族でもいいし、友達でもいいし、身近な大人や社会の仕組みでも構いません。

できるだけたくさんの信頼体験を子どもの時に獲得《かくとく》させること。

親も人間ですから我が子に「つらい体験」をさせてしまうことがあるかもし

れません。でも、そのかわりに、それを上回るようなポジティブな体験を子どもに与えること。

それが「つらい体験」を乗り越える力になります。

(4) 父親の出番は5つ

よく男子生徒から、次のような感想をもらいます。

奥《おく》さんだけに任せないで、自分も子育てができる男になりたい。

そこで、ここからは将来、父親になる男子生徒に向けて、重要な子育ての仕方を取り上げてみます。

父親の出番は5つあります。

【出番①】産褥期《さんじょくき》は特別に！

出産後の6～8週間くらいの期間を「産褥期《さんじょくき》」といいます。産褥期の母体は肉体的にも精神的にも出産の疲れが残っています。それだけではなく、女性ホルモンの急激な減少や免疫力《めんえきりょく》の低下など様々な体の変化が表れます。眠たかったり、疲れていたり、ネガティブになっていたり、普通ではないわけです。ですから、家族の支援《しえん》が必要です。授乳《じゅにゅう》以外のことをたくさんやってあげて、母親の負担を軽くすることが大切です。

【出番②】「夫力《おっとりょく》」をアップデートさせる

子育てにとって何より大切なのは《お母さんが元気》ということです。そして、《お母さんが元気》であるためには、父親になった「夫《おっと》」がそれまで以上に「妻《つま》」を大切にすることです。

では、どのように大切にしたらいいのでしょう？

8千人以上の女性をサポートしてきた婚活《こんかつ》コンサルタントの澤口珠子《さわぐちたまこ》さんは、次のような心得《こころえ》が夫婦円満《ふうふえんまん》の秘訣《ひけつ》だと言います。

注：「うまくいく夫婦の特徴11選」（ゼクシィ）を筆者要約

①それぞれが異《こと》なる環境で育ってきたので、子育てに関する考え方が違って当然。お互いに相手の考え方を尊重《そんちょう》すること。

②やってもらって当たり前という考え方ではなく、「ありがとう」など感謝《かんしゃ》の気持ちを積極的に伝えること。

③育児《いくじ》にストレスはつきもの。不平不満《ふへいふまん》を溜《た》め込まないために、小さなことでも口に出して話し合う習慣《しゅうかん》を作ること。

④子育てが始まると、母親は子どもと過ごす時間が多くなるもの。そのため

夫婦二人きりで過ごす時間が減る。二人で過ごす時間を意識的に持つこと。
⑤お互いを信頼し合うこと。
⑥毎朝ハグをする、出かける時は手をつなぐなど、日常のスキンシップを習慣にすること。
⑦喧嘩《けんか》を引きずらないこと。
⑧一人になれる時間を確保《かくほ》してあげること。
⑨「ママ」「お母さん」だけではなく、以前の呼び方もすること。
⑩納得《なっとく》できる役割分担《やくわりぶんたん》をしていること。
⑪記念日を大切にすること。

子育ては一人で行うものではありません。
家族や社会が協力して行うものです。
家族の中でも「父親」となった夫の存在は特に重要です。

その協力の仕方は、家事や育児など直接的な手伝いもあるでしょう。

しかし、それだけではなく、①～⑪のような「夫婦」の間での間接的《かんせってき》な協力の仕方もあります。そのどちらも大切にできるようになることが「夫力」のアップデートです。

【出番③】2～5歳の時に体を使って一緒《いっしょ》に遊ぶこと

2～5歳の時期というのは、子どもの体が小さい（軽い）です。ですから、「持ち上げる」「お腹の上に乗せる」「相撲《すもう》をとる」など、いろいろな運動が可能な時期なのです。

また、「遊びの発達段階《はったつだんかい》」からも好都合《こうつごう》なのです。

子どもが親の手を離れて「子ども同士」で遊ぶようになるまでには、その間に「感覚遊び」や「模倣《もほう》遊び」の時期が必要です。簡単にいうと「運動神経を

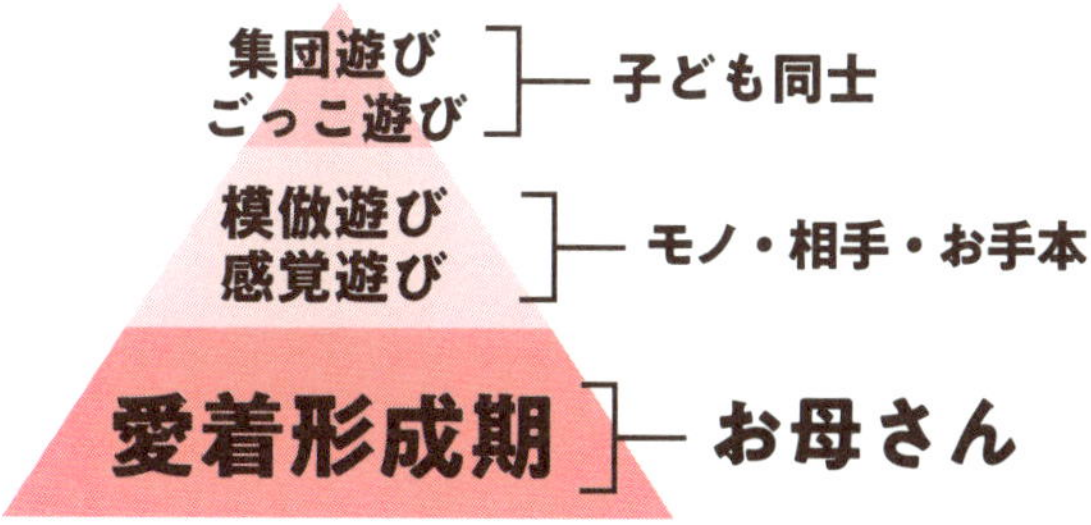
集団遊び
ごっこ遊び
子ども同士
模倣遊び
感覚遊び
モノ・相手・お手本
愛着形成期
お母さん

「支援における遊びの発達段階を考える」（こども発達支援研究会）を参考に作成

発達させる遊び」です。そして、運動神経を発達させる遊びには、「相手」「モノ」「お手本」が必要になります。

父親は、この中の「相手」や「お手本」に適《てき》した人物です。

もちろん、母親や兄・姉でも構わないのですが、何でもお母さんだとお母さんが大変ですし、子どもではできないこともありますから「出番」として父親は最適というわけです。

【出番④】10歳までに「いろいろな」体験をさせること

「テントで寝たことがある」「寝っ転がって星空を見たことがある」「洗車した

ことがある」「電車に乗ったことがある」――。

「いろいろな体験」をさせるのが父親の役目です。

「いろいろな体験」は、子どもの可能性を引き出します。

JAXA《ジャクサ》プロジェクトマネージャーの津田雄一《つだゆういち》さんが宇宙に興味を持ったのは、小学校低学年の時だったそうです。

> 私は小学校一、二年生の時に父親の仕事の関係でアメリカに住んでいたことがあります。その間、いろんな場所に連れて行ってくれたんですけど、その中の一つがフロリダ州にあるケネディ宇宙センターでした。
>
> 出典：『致知』２０２０年12月1日 発行／1月号

どんな体験がその子にヒットするかはわかりません。だから「いろいろな」なのです。また、お父さんと子どもが「お出かけ」することによって、お母さんは自分だけの時間を過ごすことができます。

【出番⑤】非日常《ひにちじょう》の出来事が起きた時

これまでに三千冊を超える教育書を出してきた向山洋一《むこうやまよういち》氏は、「父親の役割は非日常《ひにちじょう》にある」と主張しています。

「非日常」の出来事とは、どんなことでしょう。

向山氏は次のように書いています。

> それは、一言で言って「重大事件」のことであり、「基本的な問題を含む問題」である
>
> 出典：向山洋一「とっておきの父親学」（1991）

「重大事件」というのは、例えば次のような出来事ではないでしょうか。

・自殺しようとした時
・目の前でタバコを吸った時
・弱い者いじめをした時
・SNSでの誹謗中傷《ひぼうちゅうしょう》がバレた時
・どうせ僕はバカだからと言った時

そして、「基本的な問題を含む問題」とは次のような原則だと思うのです。

他人を傷つけた時
自分を傷つけた時

このような時こそ、「してはいけないこと」という基本を示し、同時に我が子を大切に思う親の愛情を伝えるチャンスだと思います。

（5）シングルマザー・シングルファーザー

離婚や死別など様々な事情から、母親または父親が一人で子育てをする場合もあります。いわゆる「シングルマザー」「シングルファーザー」です。私もそのような方々にたくさん会ってきました。その時に私は次のようなアドバイスをしています。

「一人二役」はしなくてもいいですよ

シングルのお母さんでしたら、「父親役」はしなくていいですよ、という意

味です。中にはいらっしゃるのです。本当は我が子に優しくしたいのに《厳しくしなくちゃ》と考えて、無理に我が子を叱《しか》っているお母さんが。でも、結局それは《無理をしている》のです。

両親がそろっている場合は役割《やくわり》があっていいのです。

でも、シングルの場合の役割は違います。

一人で子育てをされている方の役割は《生き方を見せる》ということだと思います。仕事と子育ての両立《りょうりつ》をされているわけですから時間は貴重《きちょう》です。家事もしなければなりません。仕事を持って帰ることもあるかもしれません。お弁《べん》当《とう》を作らなければならないかもしれません。参観日に行けるかどうかもわかりません。子育てのために使える時間は限られています。

でも、親は子を育てます。我が子のためにできる限りのことをしてあげようと努力します。参観日に行けない日でも、遠くから我が子のことを考えます。一緒に過ごす時間が限られているからこそ、その時間は貴重なものになります。

そして、貴重だからこそ、親も子も、お互いの愛情を尊《とうと》いものだと感じるはずです。働く親も、待つ子どもも、お互いがそれぞれ頑張って生きている姿を認め合うことで、駆《か》け引《ひ》きのない自然な子育てが成り立つものです。

「無理をしない」「一人二役はしない」というのはそういう意味です。

親が自分の人生を一生懸命《いっしょうけんめい》に進んでいる姿を見せることは、子どもにとって何よりの「人生の手本」になるはずです。

おわりに

昔、日本の子どもはお母さんのことを「かか」と言いました。そのもっと前は「かっか」と言いました。

「かっか」という言葉は「赤々と燃《も》えている」という意味です。これは「お日様・太陽」を表した言葉です。つまり、「お母さん」の語源《ごげん》は「太陽」なのです。

そして、旦那《だんな》さんは奥さんのことを「日身《かみ》さん」と呼びました。これは「太陽の神様」という意味です。お母さんは、家族にとって太陽のような存在、なくてはならない存在、そういう意味で「かか」「かみさん」「お母さん」なのです。

「お父さん」にも語源があります。お父さんは「とと」「とうと」と呼ばれていました。これは「尊《とうと》い人」という意味です。

どうしてお父さんが「尊い人」になったかというところが重要です。

奥さんに対しては、最初に旦那さんの方から言い出しました。

「お前はいつも明るく優しく、私たち家族にとって太陽のような存在だ！」

そこで、奥さんが言いました。

「まあ、そのように言っていただけるなんて、あなたは尊い人です」

この順序が大事なのです。

旦那さんが先に奥さんに感謝《かんしゃ》していたわけです。そうやってでき上がったのが「お母さん」「お父さん」という言葉です。

かつての日本の家族制度《かぞくせいど》は男が威張《いば》っていたという印象《いんしょう》がありますが、決して、そんなことはありません。本来はこのように女性を大切にするのが日本の男性の伝統《でんとう》なのです。

出典：境野勝悟《さかいのかつのり》『日本のこころの教育』（2001）

この本を最後まで読んでいただきありがとうございました。赤ちゃんが「尊い存在（大切にしなければいけない存在）」であることをお伝えできましたでしょうか。また、その後の子育てについても役立つ情報がありましたでしょうか。

子育ては、人間にとって大切な営《いとな》みです。それをしてくれたお父さん、お母さん。それを支えてくれた家族や社会。かかわった人すべてが、この世の中を作っています。

「赤ちゃん」や「子育て」への理解が広まることで、この世の中がいつまでも平和で豊かであり続けることを願っています。

水野正司

著者

水野正司（みずの・しょうじ）

北海道函館市生まれ。北海道教育大学函館校卒業後、北海道公立学校にて小学校教諭、中学校教頭、特別支援学級教諭を 34 年間にわたり歴任。現在、子育てクリエイターとして「子育て win3 計画」代表を務め、ブログ「子育て win3 計画」、YouTube「学校 win3 チャンネル」、TOSS-SNS「TOSS 子育ての部屋」を主宰。著書に『どの子も伸びる《ちょうどいい》叱り方』（学芸みらい社）など多数、共編著に『向山家の子育て 21 の法則』（騒人社）などがある。

TOSS の紹介

TOSS（Teachers' Organization of Skill Sharing）とは、「すべての子どもに価値ある教育を。」を目指す民間教育研究グループです。教師と教育関係者が、未来を担う大切な子どもたちのために、「どの子も大切にされなければならない。一人の例外もなく。」を合言葉に、教師としての力量を向上させることを目的に活動しています。TOSS 公式ウェブサイト　https://www.toss.or.jp/

未来《みらい》のために知《し》っておきたい　みんなの子育《こそだ》てスキル

2024 年 10 月 19 日　初版発行

著　者　　水野正司
発行人　　子安喜美子
発行所　　株式会社マイクロマガジン社
〒 104-0041　東京都中央区新富 1-3-7 ヨドコウビル
TEL.03-3206-1641　FAX.03-3551-1208（営業部）
TEL.03-3551-9564　FAX.03-3551-9565（編集部）
https://micromagazine.co.jp
印刷製本　　中央精版印刷株式会社
編　集　　太田和夫
イラスト　　間宮彩智
装丁・本文デザイン　　板東典子
校　正　　会田次子
協　力　　藏田朝彦（藏田行政書士事務所）

Printed in Japan　ISBN978-4-86716-642-0　C8081